PROCÈS-VERBAUX

DES SÉANCES

DES CONSEILS LOCAUX

DES ÉTABLISSEMENTS SECONDAIRES

SESSION DE 1873

PONDICHÉRY
IMPRIMERIE DU GOUVERNEMENT
1874.

CONSEIL LOCAL DE CHANDERNAGOR

SESSION ORDINAIRE.

Procès-verbal de la première séance.

Aujourd'hui, trois novembre mil huit cent soixante-treize, le Conseil local de Chandernagor, convoqué par le Chef de service s'est réuni à l'hôtel du Gouvernement, à huit heures du matin.

Présents :

MM. Durand, Chef de service, président ; Saubolle, conseiller ; Joakim, conseiller ; Dumaine, conseiller ; Dourgachorone Roquitte, conseiller ; Dinonatte Dache, conseiller ; Nundolall Bose, conseiller.

Conformément à l'article 3 de l'arrêté du 24 août 1872, M. le Président invite MM. Joakim et Dumaine, à remplir, en raison de leur âge, le premier, les fonctions de vice-président, et le second les fonctions de secrétaire.

Le bureau étant ainsi constitué, le Président donne lecture de l'arrêté de convocation de M. le Gouverneur, en date du 25 octobre 1873. Il fait ensuite observer que le Conseil a d'abord à s'occuper de l'élection d'un vice-président et d'un secrétaire dont les fonctions doivent durer jusqu'à la session ordinaire de 1874.

Il est aussitôt procédé à cette opération.

Les votes recueillis donnent les résultats suivants :

M. Saubolle, vice-président, par 4 voix sur 7 ;

M. Dumaine, secrétaire, par 6 voix sur 7.

Le bureau étant de nouveau constitué, le Président porte à la connaissance des membres du Conseil qu'ils auront à examiner :

1º Les plans de campagne des travaux à exécuter au compte du service municipal et du service local ;

2º Le tarif des taxes des contributions locales ;

3o Les projets de budget des deux services local et municipal ;

4o Les questions et les pétitions de leur compétence qui pourraient leur être soumises pendant la session.

Mettant ensuite sous leurs yeux les divers documents compris dans les trois premiers articles, le Président fait l'Exposé suivant :

Messieurs,

Le plan de campagne du service municipal, le premier à examiner, comprend :

1° Les travaux d'entretien courant ; 2° des travaux neufs tels que : 1° la construction d'un mur de soutènement sur le bord de la rivière dans la partie longeant le chemin de Hattecolla, travail demandé en 1872 par les habitants du quartier de Chalimara ; 2° rechargement en briques de démolition d'une partie des chemins de Narona, de Chock et de Coutirmatte, terrassement à faire à certaines parties des chemins d'Ourépara, de Narona, et construction de deux ponceaux sur les mêmes chemins.

DÉPENSES.

Mur de soutènement....................	12,122f 37c
Travaux des chemins sus désignés........	3,871 33
Entretien courant.........................	12,006 30
Total général porté au plan de campagne.	28,000 00

Observations. J'ajoute pour mémoire qu'à l'aide de la subvention accordée par la Commission municipale au Conseil de fabrique, il pourra être donné suite aux réparations demandées en 1872 pour mettre le cimetière en parfait état.

D'après le devis estimatif établi par le chef du service des ponts et chaussées, la dépense s'élèvera à la somme de 2,440 fr. 51 c.

Plan de campagne du service local.

Ce document comprend des travaux neufs, des travaux d'entretien et de grosses réparations.

Les travaux neufs sont au nombre de six :

1° Agrandissement de la varanda du thana de Barassette, dépense... 608f 85c

2° Construction d'une varanda sur le côté est de l'étang du bâtiment occupé par le directeur de la poste anglaise........................ 161 71

A reporter... 770 56

Report...	770	56
3° Ouverture d'une croisée dans le mur sud de la pièce sud-ouest du thana de Hattecolla et agrandissement de la pièce du côté opposé....	160	00
4° Empierrement avec du galet d'une partie de la rue Godadhor.................	564	00
5° Empierrement à la brique d'une partie des rues de l'arsenal de Khorouapotty et de la Miséricorde............................	2,004	38
6° Continuation et achèvement du garde fou de l'Aldiguy (coté-nord)................	621	86
Travaux d'entretien et de grosses réparations :		
1° A l'Eglise.......................	400	00
2° Au presbytère....................	691	16
3° Au Tribunal de première instance.......	3,500	00
4° A la justice de paix................	250	54
5° A la caserne des cipahis.............	400	00
6° Au bureau des ponts et chaussées......	177	16
7° A la prison générale................	801	73
8° Aux magasins et ateliers du génie......	386	11
9° Au gath (garde-fou)................	511	90
10° A la poste anglaise (entretien courant)....	70	00
11° Aux onze thanas, (idem.)............	592	56
12° A l'étang de l'Aldiguy, (idem.).........	50	00
13° Au grand bazar...................	412	62
14° Au pavillon du gath................	250	15
15° Rues et routes (entretien).............	3,920	00
16° Ponts et ponceaux.................	150	00
17° Canaux et fossés, fossé d'enceinte.......	3,500	00
18° Outils (achats et entretien)............	500	00
19° Cadastre........................	1,430	00
20° Indemnité au chargé du service des ponts et chaussées........................	140	00
21° Frais imprévus....................	742	27
Total général du plan de campagne du service local	23,000	00
Récapitulation des sommes portées aux deux plans de campagne :		
Service municipal......	28,000	00
Service local	23,000	00
Total...	51,000	00

Non compris la somme de 2,440 fr. 51 c. accordée au Conseil de fabrique pour la restauration du cimetière.

Le 29 octobre, je recevais de M. le Chef du service des ponts et chaussées actuellement en fonctions, une lettre et deux plans de campagne supplémentaires faisant ressortir la nécessité de s'occuper de certains travaux non compris dans les plans que je vous ai présentés.

Il s'agit de chemins à réparer au compte du service municipal dont la dépense s'élèverait à 7,371 fr. 25 c. et de l'entretien courant des fossés en maçonnerie de la ville Blanche évalué à 500 fr. cette dernière dépense incomberait au service local.

Si vous reconnaissez avec moi l'urgence de faire exécuter ces nouveaux travaux en 1874, il y aurait lieu de les faire figurer aux projets de budget et d'augmenter de 7,599 fr. 23 c. y compris la bonification des 3 p. o/o, la subvention de 23,737 fr. demandée pour le service municipal.

Le service local aurait, conséquemment, à supporter une augmentation de dépenses de 8,099 fr. 23 c. en comprenant les 500 fr. portés au plan de campagne supplémentaire de ce service, présenté par M. Viandier.

Je ferai, en outre, observer pour appuyer les demandes de M. Viandier, que le plan de campagne du service local pour l'année 1874 présente, en dépenses ordinaires, une somme de 4,363 fr. 95 c. en moins, comparé à celui de 1873 ; car je ne considère pas comme une dépense ordinaire la somme de 3,500 fr. demandée pour les grandes réparations du Tribunal de première instance.

Quant au plan de campagne du service municipal comparé avec celui de 1873, la différence en plus paraîtrait hors de proportion, si l'on ne prenait en considération les travaux extraordinaires qui doivent être exécutés au chemin de Hattecolla.

J'avais hésité un instant à vous présenter les plans de campagne supplémentaires dont je viens de vous entretenir, par la raison qu'ils n'avaient été examinés ni par la Commission municipale ni par le directeur des ponts et chaussées de la colonie. Mais comprenant l'utilité et l'importance de ces travaux qui, une fois terminés, viendront en partie alléger le budget des dépenses des années 1875 et suivantes, je me suis décidé à les joindre aux plans de campagne déjà acceptés par l'Administration, après avoir toutefois soumis à l'examen et à l'approbation de la Commission municipale, dans une séance tenue hier, le plan supplémentaire de sa compétence que je ne pouvais me dispenser de lui faire connaître.

Chandernagor, le 3 novembre 1873.

Le Chef de service, Président,
Signé DURAND.

Le Conseil examine d'abord le plan de campagne du service municipal. M. Viandier, chef du service des ponts et chaussées, est invité à assister à cette partie de la séance. Chaque article ayant été discuté séparément, le Conseil vote la somme de 28,000 francs reconnue nécessaire.

Le Président donne ensuite lecture d'une lettre de M. Viandier, faisant envoi de deux plans de campagne supplémentaires, l'un, au compte du service municipal, et l'autre, au compte du service local.

Le plan de campagne supplémentaire du service municipal examiné et approuvé par la Commission municipale, dans sa séance du 2 novembre, comprend de grands travaux de terrassement et d'empierrement à faire aux chemins vicinaux indiqués ci-après :

1º Chemin de Doulépara............	1,925 62
2º Chemin de Pontchanontollah......	2,257 50
3º Chemin de Bichalokhi Bénépoucour..	1,688 13
4º Chemin de Cantapoucour..........	1,500 00
Francs...	7,371 25

Le Conseil reconnaissant de première utilité toutes les réparations proposées, vote, à l'unanimité, la somme de 7,371 fr. 25 c. qui, ajoutée aux 28,000 fr. du plan de campagne ordinaire, porte le chiffre de la dépense à 35,371 fr. 25 c.

A la demande des membres du Conseil, la séance est suspendue jusqu'à deux heures de l'après-midi.

A la reprise de la séance, à deux heures de l'après-midi, le Conseil examine les deux plans de campagne du service local. L'un et l'autre discutés longuement ne donnent lieu à aucune modification et sont adoptés à l'unanimité.

Pendant le cours de la discussion, M. le Président fait observer à M. Viandier qu'il serait utile de comprendre dans les plans de campagne ultérieurs une somme destinée à l'entretien du terre-plein de la promenade du ghat. Il est pris note de cette observation.

M. Saubolle, de son côté, fait remarquer que, contrairement à ce qui se pratiquait autrefois, les fossés en maçonnerie que l'on construit aujourd'hui ne sont revêtus d'aucun enduit ; de là, les dégradations auxquelles ils sont exposés.

M. Viandier répond à M. Saubolle que cette mesure a été mise de côté depuis longtemps comme entraînant à des dépenses reconnues inutiles.

Avant de passer à l'examen du tarif des taxes des contributions locales, le Conseil invite M. Viollette, receveur des contributions, à assister à la séance, et le Président, dans son Exposé des motifs, s'exprime de la manière suivante :

Messieurs,

Aux termes de l'article 40 § 14 du décret du 13 juin 1872, le Conseil colonial vote le tarif annuel des taxes et contributions locales ; mais les Conseils locaux sont préalablement consultés, chacun en ce qui concerne sa dépendance, conformément aux prescriptions de l'article 20 du même décret.

J'ai donc l'honneur de prendre l'avis de l'assemblée sur le tarif de 1873, avec les modifications suivantes :

1° Droit sur l'introduction, la fabrication et la vente des spiritueux.

Le droit de débit des spiritueux constitue actuellement, à Chandernagor, un monopole qui est mis en adjudication publique ; le montant en est fixé, pour l'arrack, à 3 fr. 60 c., par gallon de 4 litres, fabriqués et débités dans la ville et la banlieue, et à 3 fr. dans les aldées. Ce droit est réduit à 2 fr. 40 c. pour toute quantité excédant celle portée au tableau approuvé par M. le Gouverneur le 16 janvier 1865.

Quant au rhum, la fabrication et la vente ne sont pas imposées : c'est le droit de débiter qui est adjugé aux enchères.

Le nouveau projet de règlement dont il vous sera donné lecture, abolit le monopole de ces spiritueux ; il établit 1° un droit d'introduction et de fabrication fixé à 1 fr. 80 c. par gallon ; 2° un droit de licence dont le nombre sera fixé chaque année par l'Administration et qui, mis aux enchères, sera vendu en adjudication publique par lots séparés comprenant chacun une licence.

Si l'adjudication des licences atteint le chiffre total de 67,000 fr. moyenne des dix dernières années, les licenciés seront exonérés du droit d'introduction et de fabrication dent je viens de parler. Les particuliers, toutefois, ne jouiront pas de cette exonération.

Si, comme le projet de règlement le prévoit, l'adjudication des licences n'atteint pas le chiffre total de 67,000 francs, elle sera annulée et le droit d'introduction et de fabrication sera porté de 1 fr. 80 c. à 7 fr. 20 c. par gallon pour le rhum et 4 fr. 80 c. pour l'arrack.

Les licences seront de nouveau adjugées, sans limite ni réserve, c'est-à-dire sans tenir compte des prix obtenus.

Les licenciés, dans ce cas, aussi bien que les particuliers auront à acquitter le droit d'introduction et de fabrication au taux fixé par l'article 15 du règlement, les premiers, quoique soumis déjà au droit de licence. Cette disposition est motivée sur la nécessité de compenser la perte que l'Administration subirait en adjugeant les licences à une somme inférieure à celle de 67,000 fr.

2° Le tarif des droits à percevoir sur les denrées et marchandises vendues à Goretty.

3° Le tarif des droits à percevoir à l'introduction et la vente des denrées et marchandises dans les divers marchés de Chandernagor.

Le tarif actuel contient une interminable et très-diffuse énumération des marchandises et denrées soumises à un droit. C'est dans le but d'uniformiser cette branche de la perception et d'étendre à Chandernagor le même mode qu'à Pondichéry que le nouveau tarif proposé a été réglé. Le système consiste à percevoir un droit fixe, par jour, sur chaque boutique, et un droit proportionnel pour les articles qui ne peuvent rentrer dans cette catégorie. Ce droit est calculé sur l'importance de la marchandise débitée.

Quant aux autres taxes, je vous propose de les maintenir pour 1874, telles qu'elles ont été votées l'année dernière par le Conseil colonial pour l'exercice 1873.

Chandernagor, le 3 novembre 1873.

Le Chef de service, Président,

Signé DURAND.

Il est ensuite donné lecture d'un projet de règlement, présenté par l'Administration, devant servir à modifier l'assiette du droit sur la distillation et la vente de l'arrack et du rhum à Chandernagor.

Répondant à certaines explications demandées par le Conseil, M. Viollette assure que, d'après les informations qu'il a prises lui-même, le nouveau règlement sera favorablement accueilli par les intéressés, et fait également ressortir qu'il offre une plus grande liberté à l'industrie locale, en détruisant un monopole.

Le Conseil, satisfait de ces explications, adopte le projet à l'unanimité, et passe ensuite à l'étude des modifications proposées pour le mode de perception des droits sur les denrées des bazars. MM. Joakim, Nundolall Bose, Dourgachorone-Roquitte, Dinonatte-Dache, craignant que ces modifications ne fassent de nombreux mécontents parmi les boutiquiers et les fermiers, sont d'avis qu'il vaut mieux laisser subsister le tarif actuel.

M. Saubolle, au contraire, reconnaissant l'avantage du nouveau tarif en ce qu'il simplifiera les opérations et empêchera bien des contestations de se produire journellement, propose d'en faire l'essai pendant un an.

Le Président s'était exprimé dans le même sens ; mais désirant s'éclairer davantage, il propose de nommer une Commission d'enquête. Après une longue discussion, le Conseil a été unanime à demander que les fermiers et les principaux boutiquiers soient entendus, priant M. Viollette de les réunir dimanche prochain à 3 heures de l'après-midi.

La discussion du tarif est renvoyée à dimanche.

Le Conseil fixant à mardi sept heures du soir, sa prochaine réunion, la séance est levée à cinq heures.

Le Secrétaire,
Signé DUMAINE.

Le Chef de service, Président,
Signé DURAND.

Procès-verbal de la deuxieme séance.

Aujourd'hui, quatre novembre mil huit cent soixante-treize, le Conseil s'est réuni de nouveau à sept heures du soir.

Présents :

MM. Durand, Chef de service, président ; Saubolle, vice-président ; Dumaine, secrétaire ; Joakim, conseiller ; Dourgachorone Roquitte, id ; Dinonatte Dache, id ; Nundolall Bose, id.

A l'ouverture de la séance à laquelle M. Viollette, receveur des contributions, est prié d'assister, et après lecture du procès-verbal de la dernière séance qui est approuvé, le Président soumet au Conseil les projets de budget et fait l'Exposé des motifs suivants :

RECETTES.

Les recettes du service municipal s'élèvent à la somme de 20,233 fr. 80 cent. ; elles comprennent :

1º L'excédant présumé des recettes sur les dépenses à la clôture de l'exercice 1873.

La prévision pour l'année 1874 est supérieure de 500 fr. à celle de 1873 ; cette augmentation est basée sur le résultat obtenu en 1872, dont le compte rendu se trouve joint au projet de budget.

2º Le produit des impôts créés par les arrêtés des 11, 13 avril 1863 et 24 décembre 1864 et compris au budget aux articles 6, 7 et 8 savoir : l'impôt sur les chevaux et les voitures de Chandernagor ; l'impôt sur les charrettes et les bêtes de somme qui traversent le territoire, et l'impôt de la prestation pour l'entretien des chemins vicinaux.

Les prévisions de l'année 1874 ont été augmentées de 260 fr. aux articles 6 et 8, par suite des résultats obtenus en 1872, et diminuées de 98 fr. 40 c., à l'article 7, l'adjudication de la ferme de l'impôt sur les charrettes, faite le 14 juillet dernier, n'ayant donné qu'une somme de 3,504 fr. au lieu de 3,602 fr. 40 c.

3º Les droits cédés au service municipal par le service local et inscrits au budget aux articles 3, 4, 5, 9 et 12.

Les prévisions de l'année 1874 sont supérieures de 2,498 fr. 40 centimes à celle de 1873. Les baux à ferme des droits inscrits au budget aux articles 3, 4, 5 et 9 qui doivent expirer au 31 décembre 1873, remis en adjudication pour trois nouvelles années, le 14 juillet 1873, ont donné une somme de 15,772 fr. 80 c. au lieu de 13,274 fr. 40 c.

4° Le tiers des amendes prononcées contre les propriétaires des animaux capturés et mis en fourrière et le remboursement par ces mêmes propriétaires des frais de nourriture de leurs animaux.

Ces sommes ont été prévues pour l'année 1874, afin d'assurer le service de la fourrière organisé par l'arrêté de M. le Gouverneur en date du 26 septembre 1873.

5° Le remboursement des frais de poursuites et les recettes imprévues.

Les prévisions de 1874 sont les mêmes que celles de 1873.

DÉPENSES.

Les dépenses du service municipal pour l'année 1874, d'après les propositions de la Commission municipale s'élèvent à la somme de 52,334 fr. et se trouvent divisées en deux chapitres : Personne et Matériel.

Le premier chapitre comprend :

La solde de l'officier de l'état-civil indien, celle de divers agents subalternes, tels que concierges et balayeurs des écoles, ghat-manji et mourda-ferasses, les indemnités et suppléments accordés à divers employés de l'Administration qui concourent aux travaux administratifs du service municipal, les remises allouées au receveur et au trésorier-payeur par l'arrêté du 28 décembre, 1867; la solde de deux pions surveillants chargés d'exécuter les prescriptions de la Commission de salubrité et les frais de transport de ladite Commission.

Les prévisions de l'année 1874 sont supérieures de 238 fr. aux prévisions de l'année 1873 ; augmentation prévue à l'article 4 : «Remises au receveur et au trésorier-payeur.» Ces remises, basées sur les fixations de l'arrêté du 28 décembre 1867, ont été calculées pour 1874 sur une somme de 52,334 fr. au lieu de 34,720 fr. 80 c. montant du budget de l'année 1873.

Le second chapitre comprend :

Art. 1er. Les travaux à exécuter en 1874 pour le compte du service municipal et détaillés dans le plan de campagne annexé au projet de budget.

Art. 2. L'entretien de l'horloge, du mobilier des écoles et des bureaux de l'état-civil.

Une augmentation de 80 fr. est demandée par le révérend Père Barthet pour l'entretien du mobilier de l'école des frères.

Art. 3. Les frais de bureau alloués aux employés s'occupant de la comptabilité du service municipal.

Même prévision qu'en 1873.

Art. 4. Eclairage des postes de la police.

Les prévisions pour 1873 sont maintenues pour l'année 1874.

Art. 5. Service de la petite voirie.

Même prévision qu'en 1873.

Art. 6. Frais d'entretien de la fourrière.

Nouvelle prévision pour l'année 1874, dans le but d'assurer le service de la fourrière dont l'organisation, demandée par le commissaire de police, a été sanctionnée par arrêté en date du 26 septembre 1873.

Art. 7. Achat de paille, herbes et autres pour l'entretien des animaux mis en fourrière.

Même motif que ci-dessus, pareille somme a été prévue au budget des recettes; les propriétaires étant obligés de rembourser le prix de la nourriture de leurs animaux capturés.

Art. 8. L'achat de livres pour les distributions de prix des écoles.

Une augmentation de 100 francs est demandée par le révérend Père Barthet.

Art. 9. Les subventions en faveur de divers établissements :

1º A la fabrique, 4,554 fr. dont 2,113 fr. 49 c., pour les besoins ordinaires et 2,440 fr. 51 c., pour les réparations du cimetière, augmentation par suite, pour l'année 1874, d'une somme de 2,791 fr.

sur la subvention accordée en 1873.

2° Au bureau de bienfaisance 8,800 fr.

Même prévision qu'en 1873.

Art. 10. Les frais de poursuites.

Les prévisions de 1874 sont les mêmes que celles de 1873.

Art. 11. Les dépenses éventuelles.

200 fr. prévus en moins pour l'année 1874 par la Commission municipale; il y aurait lieu cependant de ne pas tenir compte de cette diminution, en vue de faire face aux dépenses qui incombent au service municipal par la mise en vigueur de l'arrêté de M. le Gouverneur du 18 juin 1873, sur la police des chiens.

RÉSUMÉ.

Les recettes prévues pour l'année 1874 sont de.	28,796f 80c
Les recettes prévues pour 1873 sont de.........	24,720 80
Différence en plus...	4,076 00
Les dépenses prévues pour l'année 1874 sont de.	52,334 00
A ajouter :	
A l'article « Dépenses éventuelles » la somme de 200 francs en vue de faire face aux frais de capture des chiens errants......................	200 00
Total...	52,534 00
Les dépenses prévues en 1873 sont de.........	34,720 80
Différence en plus.	17,813 20

COMPARAISON.

Recettes pour 1874.....................	28,796 80
Dépenses pour 1874.....................	52,534 00
Excédant de dépenses de...	23,737 20

A demander en subvention au service local qui, en inscrivant cette somme à son budget, devra l'abonder des 3 p. 0/0 au profit de la caisse des Invalides.

Chandernagor, le 4 novembre 1873.

Le Chef de service, Président,

DURAND.

Le Conseil examine, en premier lieu, le projet du budget municipal.

A l'occasion de l'article 3 du chapitre Ier des recettes (*Produits des octrois municipaux*) le Conseil demande de nouveau que le produit de la location des arcades du Gonge, soit transféré du service local au service municipal et fait observer que les objections présentées par M. le Contrôleur dans la cinquième séance du Conseil colonial, sont en opposition avec l'esprit qui a dicté au Conseil local sa proposition de l'année dernière, car il n'a eu aucune pensée de favoriser le Comité de bienfaisance, mais s'est inspiré du seul désir de former, avec des ressources essentiellement municipales, un fonds qui puisse permettre au service municipal de se suffire à lui-même, et d'économiser, en outre, à la colonie, les 3 p. o/o supportés au profit de la caisse des Invalides. Le Conseil était allé aussi au devant des objections présentées par M. l'Ordonnateur, en faisant observer que la construction des hangars du Gonge a eu lieu avant l'établissement de la Commission municipale.

Partant du même principe, le Conseil demande que le produit de la ferme de Chandouny (des boutiques), 432 francs, soit également transféré du service local au service municipal.

Ces sommes formant ensemble un total de 13,393 fr. 20 cent., viendront en diminution de la subvention à demander au service local.

Article 16. — Subvention du service local.

La subvention, primitivement portée à 23,537 fr. 20 cent., est ramenée au chiffre de 17,927 fr. 87 cent., ayant été diminuée, d'un côté, de 13,393 fr. 20 cent., par suite de l'inscription au profit du fonds municipal, du produit de la location des hangars du Gonge et des droits de Chandouny, et augmentée d'un autre côté: 1° de 412 fr. 62 cent., pour les réparations des susdits hangars inscrits au plan de campagne du service local; 2° de 7,371 fr. 25 cent., montant des travaux portés au plan de campagne supplémentaire du service municipal.

Le Conseil n'ayant aucune autre observation à présenter, arrête à la somme de 60,117 fr. 87 cent., le total des recettes du budget municipal.

Il est ensuite procédé à l'examen des dépenses. Le Conseil tenant compte des augmentations résultant des travaux inscrits au plan de campagne supplémentaire et du montant des réparations des hangars du Gonge dont l'entretien incombera au service municipal, fixe à 35,783 fr. 87 cent., le crédit de l'article *Travaux et Approvisionnements*.

Les autres crédits ayant été adoptés sans observations, le chiffre total des dépenses est arrêté à la somme de 60,117 fr. 87 cent., balançant exactement le montant des recettes.

Avant de soumettre le projet de budget du service local, le Président fait l'Exposé des motifs ci-après :

RECETTES.

Les recettes du service local s'élèvent à la somme de 199,214 fr. 80 cent., elles se composent :

1° Des contributions directes qui ne comprennent à Chandernagor, que le cazána ou impôt sur les terres et la rente perpétuelle du domaine de Goretty ; leur importance est de 27,060 francs, somme prévue au budget de l'année 1873 ;

2° Des contributions indirectes comprenant :

ART. 1er. Le droit de Chandouny (sur les boutiques) créé par l'arrêté du 21 octobre 1846; la location des arcades des bazars au Gonge qui, aux termes de l'arrêté du 28 novembre 1865, sont mises en adjudication ; le droit d'enregistrement sur les ventes d'immeubles sous seing-privé, créé par les arrêtés des 19 avril 1856 et 28 novembre 1865 ; le droit de lods et ventes perçu conformément aux articles 78 et 80 de la coutume de Paris, mis en vigueur à Chandernagor par l'arrêté du 21 octobre 1846 ; le droit de greffe perçu pour le compte du Trésor, conformément aux arrêtés des 16 juin, 30 juillet, 14 août 1849 et 6 décembre

1859; le droit de 1 1/2 p. o/o sur le produit brut des ventes d'objets saisis ou des terres expropriées pour cause d'arriérés dans la contribution foncière, créé par l'arrêté du 18 août 1865; le prélèvement de 10 p. o/o sur les salaires du conservateur des hypothèques fixé par l'arrêté du 21 janvier 1856; le bath des pions porteurs d'assignations perçu pour le compte du Trésor en vertu des ordonnances locales des 12 août 1826 et 26 mai 1827.

Les prévisions pour 1874 ont été augmentées de 2,001 fr. 20 cent., soit 1,996 fr. 20 cent., par suite des résultats des adjudications faites pour trois nouvelles années de la ferme du droit sur les boutiques et de la location des arcades des bazars au Gonge et 5 francs pour le droit d'enregistrement des actes de ventes sous seing-privé, la moyenne des perceptions faites pendant les cinq dernières années étant de 28 francs au lieu de 23 francs prévus en 1873.

Art. 3. Le droit sur la fabrication de l'arrack et le droit sur la vente du rhum et du callou.

Les prévisions pour 1874 ont été augmentées de 522 francs par suite de la nouvelle adjudication faite pour trois nouvelles années du droit sur la vente du callou.

Art. 4. 1° La subvention payée par le Gouvernement anglais pour la cession faite suivant convention diplomatique du 12 juillet 1839, du privilège de la vente du sel;

2° Le prix de la cession du privilège pour l'achat de 300 caisses d'opium à Calcutta, suivant convention du 7 mars 1815;

3° La ferme du droit de vente à Chandernagor de l'opium, du gouly, du choroche et du ganja.

Les prévisions pour 1874 ont été diminuées de 4,110 fr. 60 cent., par suite du mauvais résultat des nouvelles adjudications faites le 14 juillet dernier.

Art. 5. Les taxes sur les lettres et imprimés transportés par bateau à vapeur.

La prévision de 1873 a été maintenue pour 1874.

Art. 6. Le droit d'étalonnage des poids et mesures mis en régie à Chandernagor, par arrêté du 1er février 1868.

La prévision pour 1874 reste la même que celle de l'année 1873.

En résumé, les contributions indirectes s'élèvent pour l'année 1874 à la somme de 160,306 fr. 60 c., inférieure de 1,587 fr. 40 c., aux prévisions de l'année 1873.

3o Des divers produits du budget qui comprennent:

Art. 1er. Les loyers des terrains des loges de Dacca et Balassar; le montant de la location des arbres fruitiers appartenant à l'Etat et le montant de la location d'une île située en face du quartier de Boro.

Les prévisions pour 1874 ont été diminuées de 26 francs à l'article : location des terrains de la loge de Balassar, par suite de la nouvelle adjudication faite le 14 juillet 1873, et augmentées de 6 francs à l'article : « location des arbres fruitiers, » par suite des résultats obtenus les années précédentes.

Art. 2. Le produit des successions en déshérence.

La prévision de 1873 a été maintenue pour 1874.

Art. 3. Le produit de la vente des terres domaniales louées à titre de ticca-patta.

Même prévision qu'en 1873.

Art. 4. Le produit de la vente des bois d'élagage et le montant de la ferme des revenus de Goretty.

Les prévisions pour 1874 ont été augmentées de 187 fr. 20 cent., par suite de la nouvelle adjudication faite le 14 juillet dernier de la ferme des revenus de Goretty.

Art. 5. Les amendes prononcées par les divers tribunaux.

Augmentation de 800 francs dans les prévisions pour 1874, basée sur les perceptions faites les deux dernières années.

Art. 6. Les recettes à divers titres, le remboursement des frais de poursuites pour le recouvrement des impôts et le droit sur les alignements des rues créé par l'arrêté du 16 novembre 1864.

Cette dernière recette est augmentée de 30 francs par suite de la moyenne des perceptions faites les cinq dernières années.

Art. 7. Le produit de la vente de divers objets appartenant au service local et le remboursement du prix des médicaments.

Les prévisions de 1873 ont été maintenues pour 1874.

Art. 8. Les recettes des exercices clos.

Les prévisions de 1873 ne subissent aucun changement.

En somme, les divers produits du budget s'élèvent au chiffre de 11,845 fr. 20 cent., supérieur de 997 fr. 20 cent., aux prévisions de l'année 1873.

RÉSUMÉ	fr.	c.
Les recettes de l'année 1873 sont de	199,802	00
Les recettes prévues pour l'année 1874 sont de	199,211	80
Différence en moins pour 1874	590	20

DÉPENSES.

Les dépenses du service local s'élèvent à la somme de 132,496 fr. 29 cent., et sont divisées, conformément au décret du 13 juin 1872 en deux sections comprenant, la première, les dépenses obligatoires; la seconde, les dépenses facultatives.

Section 1re. — Dépenses obligatoires.

Les dépenses obligatoires sont de deux sortes, les dépenses du personnel et celles du matériel.

Les dépenses du personnel comprennent :

1° Les frais du secrétariat du Chef du service.

Les prévisions de 1873 ont été maintenues pour 1874.

2° La solde des employés et agents de la justice qui ne sont point compris au budget colonial.

Les prévisions de 1874 sont les mêmes que celles de l'année 1873.

3° Les frais de conduite et vacations, les frais de passage et de voyage, d'indemnité de lit de bord.

Une somme de 100 francs a été prévue en moins pour l'année 1874 et transportée au même chapitre et au même article de la deuxième section, le personnel de la première section ayant rarement droit à des frais de transport.

En somme, les dépenses du personnel s'élèvent au chiffre de 8,010 francs inférieur de 100 francs aux prévisions de l'année 1873.

Les dépenses du matériel comprennent.

Art. 1er. La rente des terrains cédés au Gouvernement et l'indemnité due à Noborame Dachie.

Rien à augmenter ni à diminuer pour 1874.

Art. 2. L'entretien et la réparation des locaux de la justice détaillé au plan de campagne joint au projet de budget.

Les prévisions pour 1874 sont augmentées de 2,637 fr. 41 c. conformément au plan de campagne.

Art. 3. Les loyers de l'hôtel du Chef de service et du parquet du Procureur de la République.

Les prévisions pour 1874 sont les mêmes que celles de l'année 1873.

Art. 4. L'ameublement de l'hôtel du Chef de service, l'entretien du mobilier de son secrétariat, du parquet du Procureur de la République, du Tribunal de première instance, du cabinet du juge et du tribunal de paix.

Les prévisions pour 1874 ont été augmentées de 1,350 fr., savoir : 1,200 fr. pour le renouvellement du mobilier du Tribunal de première instance demandé par le Juge-Président et 150 fr. pour l'entretien du mobilier du Tribunal de paix, du cabinet du juge et du parquet du Procureur de la République 50 fr. pour chaque mobilier.

Art. 5. Les frais de justice et de procédure.

Rien à augmenter ni à diminuer pour 1874.

Art. 6. L'achat de livres pour les Tribunaux, les frais de reliure, les abonnements aux journaux, les écrits périodiques.

Les prévisions de 1873 sont maintenues pour l'année 1874.

Art. 7. Les frais de publications et d'impression des listes électorales et les dépenses relatives à la tenue des sessions du Conseil local.

Même prévision qu'en 1873.

Au total, les dépenses du matériel s'élèvent à la somme de 25,453 fr. 68 c. supérieure de 3,987 fr. 41 c. aux prévisions de l'année 1873.

Section 2. — Dépenses facultatives.

Les dépenses facultatives sont également de deux sortes :
Les dépenses du personnel et celles du matériel.
Les dépenses du personnel comprennent :

Art. 1er. Solde. — Subd^{on} 1re. La solde des agents du service de l'hôtel du Chef de service.

Les prévisions du 1873 sont maintenues pour 1874.

Subd^{on} 2. Les dépenses concernant l'administration générale et comprenant :

1º Le Commissariat de la marine.

Les prévisions pour 1874 ont été diminuées de 2,700 fr. formant la solde du commis de marine Garand, admis à la retraite et remplacé par un aide-commissaire payé sur le budget colonial ; elles ont été augmentées de 400 fr. formant la solde de l'écrivain du Contrôle attaché au bureau de l'Administration.

2º Le Contrôle.

Aucune prévision pour 1874, le Contrôle ayant été supprimé dans les colonies.

3º Le service de santé.

Une augmentation de 60 fr. est demandée pour le garçon pharmacien vaccinateur par le Chef du service de santé.

4º L'administration financière.

Une augmentation de 1,000 fr. est demandée pour la solde d'un surveillant percepteur de la régie des spiritueux fixée à

100 fr. et celle de 3 darogas, ou pions surveillants de ladite régie fixée à 200 fr. pour chaque daroga.

Cette dépense est nécessitée par la modification de l'assiette du droit sur la distillation et la vente du rhum et de l'arrack à Chandernagor, modification votée par le Conseil local dans la séance du 3 novembre.

5° Le service de la poste aux lettres.

Mêmes prévisions qu'en 1873.

Par suite des quatre modifications mentionnées aux paragraphes 1, 2, 3 et 4 les prévisions de l'article 2 présenteront en 1874 une différence en moins de 2,060 fr. comparées à celle de 1873.

Subd^{on} 4. La solde des agents de la police civile.

Même prévision qu'en 1873.

Subd^{on} 6. La solde du garde du génie chargé du service des ponts et chaussées, du conducteur de 4e classe et des divers agents de ce service.

Les prévisions de 1873 ont été maintenues pour 1874.

Subd^{on} 7. La solde du concierge et des deux guichetiers de la prison.

Une augmentation de 100 fr. est demandée pour chacun de ces agents ; leur solde actuelle est reconnue insuffisante ; remplissant des emplois qui ne sont jamais recherchés, ce supplément les encouragerait à les conserver.

Subd^{on} 8. L'indemnité facultative à distribuer aux agents subalternes ainsi que les frais de bureau pour le service de la place.

Les prévisions pour 1874 sont les mêmes que celles de l'année 1873.

Art. 2. Les frais de route et vacations.

Augmentation de 100 fr. transportés de la première section : Dépenses obligatoires.

En résumé, les dépenses facultatives du personnel s'élèvent à la somme de 45,698 fr. inférieure de 1,660 fr. aux prévisions de l'année 1873.

Les dépenses du matériel comprennent.

Art. 1er. Les travaux à exécuter pendant l'année

1874 pour le compte du service local et détaillés au plan de campagne joint au projet de budget.

Les frais de matériel de divers services et les salaires des ouvriers autres que ceux de la direction des ponts et chaussées.

Les prévisions pour 1874 sont diminuées de 1,363 fr. 95 c., conformément au plan de campagne.

Art. 2. L'entretien du mobilier du bureau des détails administratifs, de la poste française, du domaine, de la police et de la pharmacie.

Les prévisions de 1873 sont maintenues pour l'année 1874.

Art. 3. Les loyers du bureau du domaine et de la pharmacie.

Les prévisions pour 1874 ont été diminuées des 400 fr. affectés au loyer du bureau du Contrôle ; elles ont été augmentées de 200 fr. demandées par le Chef du service de santé pour le loyer de la pharmacie ; diminution, par suite, de 200 fr. dans les prévisions de 1874 comparées à celles de 1873.

Art. 4. Les frais de transport et d'emballage.

Rien à augmenter ni à diminuer.

Art. 5. Les dépenses générales des prisons.

Les prévisions de 1873 sont maintenues pour 1874.

Art. 7. Les pensions et les secours à divers:
La subvention à la municipalité pour l'entretien de l'école des sœurs et pour les besoins de ce service ;

Les frais d'impression, de reliure, de registres, les frais d'affiches et de publications, les abonnements aux journaux et les ports de lettres ;

Les frais de poursuites et de restitution d'amendes ;

L'éclairage des établissements publics ;

La confection d'un plan cadastral et les remises allouées au directeur de la poste pour la vente des timbres-poste ;

L'achat de médicaments, l'entretien d'une caisse de chirurgie et du matériel du laboratoire.

Il est demandé pour 1874, 1° une augmentation de 200 fr. pour les frais d'impression et de reliure.

L'insuffisance du crédit accordé les années précédentes oblige les divers services à conserver les bulletins et autres ouvrages périodiques dans un état d'entretien laissant à désirer;

2° Une augmentation de 14,265 fr. 15 c. dans la subvention à accorder à la municipalité. A cette augmentation reconnue nécessaire, lors du vote du budget municipal, il convient d'ajouter 206 fr. 19 c. pour faire face aux dépenses résultant de la mise en vigueur de l'arrêté de M. le Gouverneur du 18 juin 1873 sur la capture des chiens.

Dans la subvention demandée se trouve comprise la retenue des 3. p. 0/0 au profit de la caisse des Invalides;

3° Une augmentation de 400 fr. demandée par le Chef du service de santé pour achat de médicaments;

4° Une augmentation de 26 fr. 14 c. pour les secours éventuels afin d'avoir à cet article une somme ronde de 200 fr.

Je ne dois pas laisser ignorer à l'assemblée qu'un secours annuel et temporaire de 300 fr. accordé à Mlle Latour, fille d'un percepteur, décédé étant au service de l'Etat, a été maintenue par la Commission des secours instituée en vertu d'un arrêté du 6 mai 1872.

Le procès-verbal est annexé au projet de budget.

Art. 8. Les dépenses extraordinaires et non prévues.

Les prévisions de 1873, sont maintenues pour l'année 1874.

Au total, les dépenses du matériel s'élèvent à la somme de 53,334 fr. 61 c., supérieure de 10,327 fr. 34 c., aux prévisions de l'année 1873.

RÉSUMÉ.

Les dépenses prévues pour 1874 sont de..	132,496f 29c
Les dépenses de 1873, sont de.........	119,941 54
Différence en plus pour 1874......	12,554 75

RÉSULTAT.

Les recettes de l'année 1874, sont de....	199,211 80
Les dépenses idem..........	132,496 29
Excédant de recettes....	66,715 51

En tenant compte des dépenses qui pourront être jugées nécessaires au service de l'instruction publique et qui, en 1873, se sont élevées à la somme de 12,800 fr. 00 c. l'excédant de recettes sera ramené au chiffre de 53,915 fr. 51 c.

Si l'on déduit encore la somme de 2,000 fr. résultant des nouvelles demandes, pour 1874, adressées par le curé Barthet et la supérieure des Dames de Saint-Joseph de Cluny, le nouvel excédant de recettes ne s'élèvera plus qu'à la somme de 51,915 fr. 51 c.

Chandernagor, le 4 novembre 1873.

Le Chef de service, Président,
DURAND.

L'examen des recettes du budget local ne donne lieu à aucune observation, autre que celle mentionnée lors de la discussion du budget municipal, à l'occasion des droits de chandouny et de la ferme des arcades du Gonge. En conséquence, le Conseil arrête le total des recettes à la somme de 185,818 fr. 60.

Budget des dépenses.

A l'article 1er du chapitre II des dépenses facultatives (*Travaux et Approvisionnements*), il y a lieu de retrancher 412 fr., 62 c., frais de réparation des arcades du Gonge et d'ajouter 500 fr., dépense inscrite au plan de campagne supplémentaire du service local (*Entretien des fossés en maçonnerie*); ce qui porte le crédit de cet article à 19,336 fr. 84 c.

Article 5. — Loyers d'établissements.

Le Conseil prenant en considération la demande faite par le docteur Carpentier est d'avis d'augmenter de 100 fr. le supplément proposé par le Chef de service pour les loyers de la pharmacie.

Article 7. — Secours annuels et temporaires.

Le Comité de secours dans son procès-verbal du 29 juillet 1873, recommandant le maintien au budget local de la somme de 300 fr. allouée à Mlle Latour, le Conseil partage cette opinion, et accorde le secours demandé sous la réserve qu'il sera supprimé dans le cas où sa position viendrait à s'améliorer.

Article 7. — § 3. *Subvention à la municipalité.*

Par suite du transfert au compte du service municipal du produit de la location des hangars du Gonge et du droit de Chandouny, la subvention demandée se trouve ramenée à la somme de 18,482 fr. 34 c. dont 1,200 fr. figurent au paragraphe 2 de l'article 7 et le reste au paragraphe 3 du même article.

Cette subvention est supérieure de 554 fr. 47 c. à celle inscrite aux recettes du service municipal, par suite de la bonification des 3 p. o/o au profit de la caisse des Invalides.

Article 7. — § 4. *Achat de médicaments, etc.*

Considérant qu'il se fait une rentrée de 134 fr. sur la cession des médicaments, ainsi que l'indique l'article 7 du chapitre 3 des recettes, le Conseil appuie la demande du docteur Carpentier et fixe à 1,200 francs la somme à affecter à l'achat des médicaments et à l'entretien d'une caisse de chirurgie.

Aucune autre observation n'étant faite, le Conseil arrête le budget des dépenses à la somme de 127,000 fr. 86 c. établissant un excédant de recettes de 58,817 fr. 74 c. sur lequel sera prélevée l'allocation à faire à l'instruction publique, qui, en 1873, s'élevait à la somme de 12,800 fr. 00 c.

M. Dumaine demande à être entendu à la prochaine séance, ayant à émettre des vœux concernant l'hospice-hôpital.

Le Conseil fixe à vendredi, 7 heures du soir, sa prochaine réunion; le Président lève ensuite la séance. Il est 11 heures du soir.

Le Secrétaire,
Signé C. DUMAINE.

Le Chef de service, Président,
Signé DURAND.

Procès-verbal de la troisième séance.

Aujourd'hui, sept novembre mil huit cent soixante-treize, le Conseil s'est réuni à sept heures du soir.

Présents :

MM. Durand, Chef de service, Président ; Saubolle, vice-président ; Dumaine, secrétaire ; Joakim, conseiller; Nundolall Bose, id ; Dinonatte Dache, id ; Dourgachorono Roquitte, id ;

Le Président, en ouvrant la séance, rappelle aux membres du Conseil qu'ils se sont réunis pour entendre les observations de M. Dumaine sur la question «hospice-hôpital.»

M. Dumaine demande que M. le Chef de service de santé soit invité à assister à la séance. M. le Président répond qu'il n'en voit pas la nécessité, et invite M. Dumaine, à faire part au Conseil des observations qu'il a à présenter.

M. Dumaine prend la parole en ces termes :

«Messieurs, L'année dernière, après avoir recommandé à la bienveillante attention de M. le Gouverneur la pétition signée d'un grand nombre d'habitants de Chandernagor, demandant la construction d'un hospice-hôpital, j'ai proposé, vu l'urgence des besoins, de prendre sans retard une maison en location pour l'affecter au service des malades.

«Le Conseil colonial, répondant seulement à la demande de l'hôpital, a reconnu l'utilité de cet établissement et a décidé qu'il serait donné suite à la question, aussitôt après que l'Ordonnateur aurait pu l'examiner sur les lieux.

«Cette question, qui touche à des intérêts de premier ordre, a été traitée selon moi en 1869, d'une manière satisfaisante par une Commission hospitalière spéciale instituée par M. le Chef de service, et dans de nombreuses délibérations du Comité de bienfaisance; et grand fut le mécontentement de la colonie, quand il fut connu que, cédant surtout à des considérations de service, le Comité avait dans sa séance extraordinaire du 10 mars dernier, adopté le jardin Lécolier situé au centre de la ville Blanche pour la construction de l'établissement en projet.

«Cette décision du Comité me paraît funeste, car l'établissement, privé, dans ces conditions, de la sympathie de la population, ne recueillera pas les fruits de sa charité, et grèvera, par suite, perpétuellement le budget. Il s'aliène aussi les bonnes dispositions de nos compatriotes de Calcutta, auxquels nous pourrons faire appel à l'occasion, et qui, en ce moment, nous offraient leur appui.

«Nous avons sous la main deux terrains, dont un a été unanimement recommandé par la Commission hospitalière en 1869 :

«1° La propriété Chenot réunissant pour l'établissement en projet tous les avantages voulus, et que l'on ne retrouve pas ailleurs, propriété dont l'acquisition serait facile aujourd'hui vu les dispositions des propriétaires, qui vous seront affirmées ;

«2° Le terrain de la plaine de l'Aldiguy considéré aussi par sa situation comme très-convenable.

Dans ces circonstances, fallait-il sacrifier une question de principe, qui est celle des avantages exclusifs des malades, qui veulent l'isolement, à une question de convenance touchant le personnel appelé à leur donner des soins.

«Si, sur une mesure aussi importante, nos populations avaient été consultées, soit par une enquête générale, soit par une nouvelle Commission spéciale, comme en 1869, soit encore par le concours des membres de la Commission municipale et du Conseil local, l'Administration eût été mieux éclairée, et eût certainement sanctionné leur vœu.

«Je n'entends nullement faire la critique des intentions du Comité de bienfaisance, mais dans notre condition de premiers représentants des intérêts de la population, je crois que c'est pour nous un devoir d'exprimer ici sur les décisions de ce Comité consciencieusement toute notre opinion.

«Nuls travaux n'ont été entrepris jusqu'à ce jour; je crois donc qu'il est encore temps de représenter au cheflieu la véritable expression des sentiments de la colonie.

«Je propose donc d'émettre le vœu que, quelles que soient les décisions du Comité relativement aux plans à l'étude, l'exécution en soit raportée sur la plaine de l'Aldiguy, dont nous demanderons la cession à la Commission municipale et au Conseil colonial.

Mais le point le plus important, et reconnu par tous, c'est qu'il ne faut pas différer plus longtemps de donner aux malades les soins qu'ils réclament. En conséquence, la construction d'un hôpital sur la plaine, ou, le cas échéant, l'appropriation de la maison Chenot, devant entraîner de longs délais, je reproduis ma demande de l'année dernière en faveur de la location d'une maison qui serait immédiatement affectée au service hospitalier, et, à cet effet, l'inscription au budget de la somme de 10,000 francs, reconnus nécessaire approximativement par la Commission hospitalière dans la séance du 12 octobre 1869, et votée plus récemment par le Comité de bienfaisance dans sa séance du 16 mars 1873. »

A ces observations, M. le Présieent répond:

« Messieurs, Aux observations présentées au Conseil local par M. Dumaine, je répondrai :

« 1° Le choix de l'emplacement destiné à recevoir la construction de l'hospice-hôpital a été voté deux fois par le Comité de bienfaisance dans deux séances tenues, à des époques assez éloignées l'une de l'autre. Il vient d'être consacré une dernière fois dans la séance tenue hier, à 5 heures de l'après-midi ;

« 2° A la suite de ce choix, approuvé par M. le Gouverneur, l'ordre avait été donné de dresser le plan de l'édifice à construire; soumis à l'examen du Comité, il a été adopté à l'unanimité, moins une voix. Faudra-t-il encore en ajourner l'exécution?

« En présence du nouveau système de cabale employé pour faire avorter le projet, l'Administration ne sera-t-elle pas autorisée désormais à reprocher aux habitants de Chandernagor de n'éprouver aucun désir de posséder un hospice-hôpital? Ce reproche, il est vrai, revient tout entier, à mon avis, aux principaux auteurs de la cabale ;

« 3o Si l'hospice-hôpital était construit dans la plaine de l'Aldiguy, il conviendrait de lui abandonner l'usage de l'étang qui l'avoisine: delà, une réduction dans les ressources budgétaires ; les voyageurs étrangers, ainsi que leurs troupeaux cesseraient de venir se reposer dans la plaine pendant la nuit, et les marchands de bambous seraient obligés de se transporter ailleurs. Ces derniers paient une redevance au fermier ;

« 4° Le choix du même emplacement nécessiterait la construction d'une chapelle pour les sœurs et la nomination d'un chapelain recevant des appointements et une indemnité annuelle de frais de transport. Les sœurs elles-mêmes ne tarderaient pas à demander aussi, avec raison, des frais de transport pour venir en ville, ne fût-ce que pour se rendre le dimanche à la grande messe de la paroisse ;

« 5° Quant à la question de salubrité, est-il besoin de le dire? Dans presque toutes les villes, soit en France, soit dans nos colonies, les hôpitaux trouvent leur place à proximité des centres de population. Ces établissements n'ont jamais été considérés comme des causes d'insalubrité.

Aucune enquête *de commodo et incommodo* n'est exigée pour autoriser leur construction ;

« 6° Au point de vue de l'intérêt du service de santé et de la surveillance à exercer, l'éloignement ne serait-il pas un grand inconvénient pour le Directeur de ce service ?

« 7° La différence entre la distance du jardin Mortimer et celle de la plaine de l'Aldiguy n'est, dit-on, que de 500 mètres; pendant les grandes chaleurs ou les grandes pluies 500 mètres à parcourir, en sus de la course ordinaire, au milieu de la poussière ou de la boue, par des éclopés ou des malades se traînant à peine, peuvent-ils être considérés comme une promenade fort agréable ?

« La plupart de ces malheureux aimeront mieux rester chez eux que de s'exposer à aggraver l'état de leur santé en se rendant à la visite journalière du docteur. Je ne parle ici, bien entendu, que des malades habitant la ville Blanche. Quant à ceux de la partie sud de la ville Noire, ils seront exténués avant d'arriver à l'hôpital. Ceux de la partie nord seront donc les seuls à profiter d'un changement fait aux dépens des autres habitants du territoire.

« Ces observations me conduisent naturellement à ne pas m'associer au vœu exprimé par M. Dumaine. »

M. Dumaine, répondant à M. le Président, dit qu'il nie l'existence d'une cabale quelconque à Chandernagor et qu'il ne convient pas d'appeler de ce nom la véritable expression de la grande majorité de la population dont il se fait l'interprète, ce que viendra confirmer, il l'espère, le vote du Conseil. Il ne croit pas que la question de distance pour les malades eux-mêmes puisse être prise en considération, lorsqu'il s'agit d'abord de 4 à 500 mètres seulement plus au nord ; les malades qu'on ramasse dans les rues ou sur les routes sont transportés, et nous voyons chaque jour les autres dont l'état exige l'admission à l'hôpital, réduits à la cruelle nécessité de franchir plus d'une lieue en dehors du territoire français, pour aller, par n'importe quel temps et bien souvent à pied, réclamer à l'hôpital de Chinsurah les soins dont ils ont un pressant besoin. (M. le Président fait observer ici qu'il n'a parlé que des malades qui se présentent journellement à la visite ; que quant à ceux qui ont besoin de se rendre à l'hôpital de Chinsurah, c'est par des moyens de transport qu'ils y arrivent). Sur 2,983 inscriptions le nombre de malades qui auraient pu être admis à l'hôpital d'après une statistique du docteur Carpentier du 15 juin 1872, mise sous les yeux du Conseil, était de 326 pour une période de 80 jours, donnant une moyenne d'environ 4 par jour, les cas chirurgicaux étant particulièrement dirigés sur les hôpitaux voisins, et il est de plus reconnu qu'ils sont tous habitants de notre territoire.

Il ne pense pas qu'il soit trop tard pour revenir sur une détermination qu'il considère comme funeste, et, du reste, aucune construction n'a encore été commencée. Il croit que la question d'urgence qui, seule, a déterminé le docteur Carpentier à associer son vote à celui du Comité de bienfaisance pour l'adoption du jardin Lécolier, ainsi qu'il l'explique dans sa lettre (produite) adressée à son successeur, en lui livrant le service, exigeait surtout, la location d'une maison, proposition que M. Carpentier l'encouragea à faire l'année dernière. Mais le docteur Carpentier reconnaît : « *qu'il est incontestable que le terrain de la plaine de l'Aldiguy est supérieur au jardin Lécolier comme espace, comme régularité, comme isolement hygiénique, c'est-à-dire au point de vue médical* ».

Il ajoute, en mettant sous les yeux du Conseil une copie de procès-verbal du Comité de bienfaisance du 10 mars 1873, que les considérations présentées, à l'appui des paroles de M. l'Ordonnateur, en faveur du jardin Lécolier sont :

1° Des considérations de service, auxquelles il pense qu'il ne convient pas, ainsi qu'il l'a déjà dit, de sacrifier une question de principe, l'isolement des malades; l'hôpital devant être un établissement à l'usage surtout des indigènes, il ne voit pas qu'il soit nécessaire d'y bâtir une chapelle et pense que les sœurs hospitalières seront satisfaites d'un autel dans une simple chambre, ou même partie d'une chambre séparée, à l'aide d'une cloison, comme cela se pratique dans le Saint-Vincent's Home de Calcutta dont il a été un des fondateurs et président du Comité pendant quatre années (M. Saubolle fait ressortir que le Saint-Vincent's Home n'était qu'un établissement provisoire.)

D'un autre côté, il est alloué des frais de transport au chef du service de santé et à M. le curé, et s'il était reconnu qu'ils sont insuffisants, un léger crédit supplémentaire suffirait.

2° L'orphelinat des filles pour lequel on se propose de faire l'acquisition d'une propriété avoisinante, afin d'avoir le concours des sœurs hospitalières; ce sont des considérations complètement en dehors de la question et une semblable fondation pourrait bien être toute à l'avantage des orphelines et au détriment du but spécial que l'on se propose.

Quant aux dispositions du Chef-lieu, il a confiance, étant déjà assuré de la bienveillance de M. le Gouverneur, qui, dans la séance du Conseil colonial, du 19 décembre, disait, en parlant des établissements secondaires, qu'il convenait d'accueillir leurs demandes et leurs besoins qui, d'après l'opinion générale, n'auraient pas été suffisamment assurés par le passé.

Une première pétition adressée par les habitants de la partie sud-est de la ville Blanche, lorsqu'on contemplait l'établissement de l'hôpital dans la maison Mortimer, reçut pour toute réponse que la loi ne soumettait pas l'établissement aux formalités d'une enquête *de commodo et incommodo*. Après cela, il ne faudrait pas interpréter comme une approbation, le silence des habitants de la partie nord, lorsque l'hôpital fut transporté au milieu d'eux, malgré l'appui qu'ils ont trouvé dans les sentiments exprimés par M. le Procureur de la République au sein du Comité de bienfaisance (séance du 10 mars 1873), ils ont préféré ne prendre aucune initiative et attendre, en espérant dans la bonté de leur cause, une opportunité qu'ils ont aujourd'hui dans la session du Conseil local.

M. Saubolle prend ensuite la parole en ces termes :

« Messieurs,

« Désirant répondre à la question « hôpital », soulevée par M. Dumaine et par la pétition d'un certain nombre de Dames de Chandernagor, je viens vous présenter les observations suivantes :

« Deux points distincts sont renfermés dans cette question : 1° l'emplacement de l'hôpital ; et 2° la nécessité d'un local provisoire pour les malades.

« A la première partie de la question, je ferai tout d'abord cette observation : c'est que sur ce point le Comité de bienfaisance a fait le choix du jardin Mortimer Lécolier, lorsque M. l'Ordonnateur était venu ici, spécialement envoyé par M. le Gouverneur dans le but de choisir l'emplacement sur lequel l'hôpital devait être construit ; qu'on est arrivé à cette décision, après que la maison Chenot, la plaine de l'Aldiguy et d'autres terrains aussi, à ce que je crois, ont été visités, et après que toutes les explications et moyens pour et contre ont été épuisés par les membres du Comité de bienfaisance ; enfin, cette délibération du Comité de bienfaisance a été approuvée par M. le Gouverneur, en Conseil, qui a décidé que l'hôpital serait construit sur le terrain Lécolier. A la suite de cette décision, le plan de l'hôpital a été dressé par M. Rouyer et approuvé par le Comité de bienfaisance. Il ne reste donc plus que la sanction de M. le Gouverneur à obtenir pour poser la première pierre de l'édifice, et doter ainsi Chandernagor d'un monument d'une si grande utilité, et pour lequel on fait des vœux depuis si longtemps.

« Eh ! bien Messieurs, que demande-t-on aujourd'hui? On ne demande rien moins que le renvoi de la construction de l'hôpital aux calendes grecques. En effet, s'il fallait abandonner l'idée de construire l'hôpital dans le jardin Mortimer, il faudrait se jeter dans des incertitudes et des embarras sans fin, pour trouver un autre emplacement convenable. Il est vrai que M. Dumaine désigne la plaine de l'Aldiguy, mais les objections sur ce choix ont été discutées devant M. l'Ordonnateur, et ont été trouvées telles que cet emplacement a été repoussé. Ces objections sont, entre autres, celle-ci : la trop grande distance de la ville, l'incertitude si le Gouvernement voudra bien céder cette place publique qui sert à donner un lieu de halte à tous les voyageurs, aux charrettes chargées de marchandises, etc., qui traversent la colonie et qui y ont un lieu de repos depuis un temps immémorial, qui sert aussi de place publique où se font toutes les foires et les rassemblements à l'occasion des fêtes natives ; le profit que retirent nos habitants des dépenses que ces étrangers font pour leur nourriture lors de leur séjour ici ; le bénéfice que retire le Gouvernement local du bazar des bambous et des boutiques établies le long de la route ; l'impossibilité d'avoir de l'eau à proximité pour le service de l'hôpital ; la grande dépense qu'exigerait un mur d'entourage d'un aussi grand développement. Quant à faire choix de tout autre terrain appartenant à des particuliers, il faudrait trouver de l'argent pour l'acheter et même prouver l'utilité publique de ce choix pour obtenir l'expropriation forcée. A quelle époque serait rejetée la construction de l'hôpital, dans ce cas ? J'en laisse l'appréciation aux personnes qui, à la onzième heure, voudraient nous jeter dans ces péripéties.

« Je suis donc d'avis, Messieurs, par suite de ces observations posées à la hâte, que non seulement la demande tendant à faire transférer l'emplacement de l'hôpital à un autre lieu que celui qui a été accepté, équivaut à l'abandon pour un temps indéfini et nécessairement très-éloigné de la réalisation de la construction de l'hôpital tant désiré, mais encore à un manque de convenance aux décisions du Comité de bienfaisance et de M. le Gouverneur en Conseil. Je ne m'arrêterai pas sur la pétition des Dames, si ce n'est pour les rassurer sur le danger qu'elles craignent, car il est reconnu que les hôpitaux ne communiquent pas de maladies aux habitants du voisinage et, du reste, presque partout, en France, les hôpitaux sont au centre de la ville.

« Pour la seconde partie de la question, je ne serais d'avis de demander un local provisoire que si, contre toute attente, la demande que je repousse était prise en considération par M. le Gouverneur, et la construction de l'hôpital ajournée. »

M. Dumaine fait observer que, si les malades viennent à l'hôpital chercher la santé, ils y déposent leurs maladies.

M. Nundolall Bose répond que les cas de petite vérole ne seront pas traités dans l'hôpital du jardin Lécolier, mais dans un établissement tout à fait séparé.

M. Dumaine fait observer que ce serait alors vouloir deux hôpitaux, et que l'établissement du jardin deviendrait un simple hospice et non plus l'établissement général demandé.

M. Nundolall Bose demandant ensuite la parole s'exprime en ces termes:

« Monsieur le Président et Messieurs les Conseillers locaux,

« Je fais remarquer que la note du docteur Carpentier parait énigmatique, vu que, quand il était le chef du service de santé de Chandernagor, il m'affirmait qu'il considérait le jardin Lécolier comme l'emplacement le plus convenable pour la construction de l'hospice-hôpital. Moi, qui suis en rapport continuel avec des malades indigènes, les plus pauvres, auxquels je donne des soins depuis onze ans que je suis dans la colonie, j'ose affirmer que parmi les malades que j'ai eu occasion de traiter, je n'en ai remarqué aucun qui ait témoigné plus de répugnance pour recevoir des soins dans le quartier européen que dans le quartier natif, et tous sont disposés, dans le cas où il y aurait un hôpital dans la ville Blanche, à y demander des soins. Quant à la question d'insalubrité et de danger pour les Européens, je demanderai à ceux qui se portent comme les champions de cette opinion, si ce qu'ils considèrent comme un danger pour les Européens, cesse de l'être pour les indigènes? Qu'il me soit permis de faire remarquer ici qu'il y a tout au plus vingt Européens dans le voisinage immédiat de l'emplacement destiné à l'hospice-hôpital, tandis qu'il y aurait certainement plus de deux cents indigènes dans le même rayon, supposé que l'hospice-hôpital fût construit dans le quartier natif; et pourtant, l'hospice-hôpital est aussi bien pour les indigènes que pour les Européens. Il est inutile d'ajouter que les inconvénients du service hospitalier seraient beaucoup plus grands dans le cas où l'hospice-hôpital serait éloigné du centre européen, tant pour les médecins que pour les religieuses appelés à le desservir. Quant à la possibilité d'obtenir la maison Chenot, je n'y crois nullement, à moins de l'acheter à un prix considérable que je suppose n'être pas moins de quinze mille roupies. »

M. Dumaine fait observer qu'il ne demande pas que l'hôpital soit placé au centre des populations indiennes, mais bien entre le quartier indien et le quartier européen, dans l'espace libre et isolé qui existe et qui semble être désigné d'avance.

M. Dinonatte Dache est d'avis que la plaine du vieux fort, qui longe la propriété de M. Dumaine au nord, et qui est peu éloignée du jardin Mortimer, serait également très-convenable pour l'établissement projeté. Plusieurs membres se sont exprimés dans le même sens.

M. Dumaine donne lecture, en les traduisant, de deux lettres qui lui ont été adressées, l'une du Radjah Suttyanund Ghosaul, propriétaire, demandant de représenter au Comité que, dans son opinion, l'établissement en projet serait dans un quartier trop peuplé, ce qui présenterait de grands inconvénients pour les habitants, et qu'il convient, sous un point de vue sanitaire, de choisir un site dans un quartier moins encaissé et exposé à une plus libre ventilation ; l'autre de M. A. G. Roussac, agent de change à Calcutta, qui, désireux de contribuer à l'œuvre commune, en sa qualité de Français, émet une opinion en faveur de la maison Chenot, ajoutant que si les choses sont faites d'une manière satisfaisante, il pourra recueillir des souscriptions pour faire les réparations, contribuer à l'achat du mobilier et des médecines.

Avant de passer au vote, M. le Président donne lecture d'une pétition signée par 42 Dames de Chandernagor, suppliant qu'il ne soit pas donné suite au projet d'hôpital du jardin Lécolier, en considération des grands malheurs qu'un pareil voisinage pourrait causer sur les familles déjà fort éprouvées.

Après l'échange de quelques observations sur l'objet de cette pétition entre le Chef de service et M. Dumaine, la discussion étant terminée, le Président pose au Conseil les questions suivantes :

1° Le Conseil est-il d'avis d'émettre le vœu de transporter ailleurs que dans le jardin Lécolier et en dehors de la ville Blanche, l'hôpital projeté et approuvé par le Comité de bienfaisance ?

A cette première question, il est répondu affirmativement, à la majorité de quatre voix contre trois : ont voté affirmativement MM. Joakim, Dinonatte-Dache, Dourgachorone Roquitte et Dumaine ; négativement MM. Durand, Saubolle et Nundolall Bose.

2° Le Conseil émet-il le vœu de prendre en location une maison pour l'affecter au service médical, en attendant la construction de l'hôpital ou partie de l'hôpital en projet ?

Le Conseil répond affirmativement à la majorité de six voix sur sept, avec l'amendement suivant : dans le cas où M. le Gouverneur ne sanctionnerait pas immédiatement le plan d'hôpital approuvé par le Comité de bienfaisance.

M. Dumaine vote l'urgence sans amendement.

Passant à la pétition des Dames, le Conseil demande qu'elle soit transmise à M. le Gouverneur, à la majorité de cinq voix contre deux

Ont voté pour : MM. Joakim, Nundolall Bose, Dinonate Dache, Dourgachorone Roquitte et Dumaine.

Contre : MM. Durand et Saubolle.

M. le Président informe ensuite les membres du Conseil qu'il a reçu une pétition de M. Le Peltier, conseil agréé, dont il donne lecture. Le pétitionnaire demande qu'il soit interdit aux mouktiars de plaider en bengali devant le Tribunal de justice de paix.

M. le Président donne lecture d'une lettre de M. le juge de paix, qu'il avait consulté un instant avant la réunion du Conseil, pour connaître son opinion au sujet de la pétition. M. le juge de paix s'était transporté chez lui immédiatement et lui avait envoyé la lettre dont il s'agit.

M. Saubolle pense qu'il convient d'adopter la mesure proposée, et le Conseil, à l'unanimité, est d'avis de transmettre la pétition à M. le Gouverneur.

Aucun autre sujet n'étant mis en délibération, le Président lève la séance à 10 heures, et rappelle au Conseil qu'il doit se réunir dimanche à 3 heures de l'après-midi.

Le Secrétaire,
Signé : C. DUMAINE.

Le Chef de service, Président,
Signé : DURAND.

Procès-verbal de la quatrième séance.

Aujourd'hui, neuf novembre mil huit cent soixante-treize, le Conseil s'est réuni à trois heures de l'après-midi.

Présents :

MM. Durand, Chef de service, président; Saubolle, vice-président; Dumaine, secrétaire; Joakim, conseiller; Nundolall Bose, conseiller; Dinonatte Dache, conseiller; Dourgachorone Roquitte, conseiller.

La séance étant ouverte, il est donné lecture du procès-verbal de la dernière séance.

M. le Président informe les membres du Conseil qu'il a reçu une deuxième lettre de M. le juge de paix au sujet de la pétition de M. Le Peltier et demande à la joindre à la première.

Après quelques modifications reconnues nécessaires, le procès-verbal est adopté.

Le Conseil passe ensuite à l'examen des taxes et contributions locales.

M. Viollette, receveur des contributions est invité à assister à la séance, ainsi que l'interprète Dourgachorone Roquitte.

Après avoir entendu plusieurs fermiers et boutiquiers, le Conseil s'est déclaré suffisamment éclairé, et le Président pose les questions suivantes :

1° Y a-t-il lieu de changer le tarif actuellement en vigueur ?

2° Est-il opportun de le modifier dès à présent ?

Le Conseil, à l'unanimité, répond affirmativement à la

première question et négativement à la seconde, à la majorité de six voix contre une.

En conséquence, M. Saubolle s'étant prononcé seul pour l'adoption immédiate du nouveau tarif, le Conseil vote pour 1874 le tarif actuellement en vigueur et décide que, dans l'intervalle des trois années fixées comme durée des fermes obtenues à la dernière adjudication, il sera nommé une Commission pour étudier la question.

Aucun autre sujet n'étant mis en délibération, le Conseil fixe la prochaine réunion à lundi 17 du courant, sept heures du soir, à moins que des circonstances imprévues n'obligent le Président à faire une nouvelle convocation.

La séance est levée à cinq heures et demie.

Le Secrétaire,
Signé DUMAINE,

Le Chef de service, Président,
Signé DURAND,

Procès-verbal de la cinquième séance.

Aujourd'hui, dix-sept novembre mil huit cent soixante-treize, le Conseil s'est réuni à sept heures du soir.

Présents :
MM. Durand, Chef de service, président ; Dumaine, secrétaire ; Joakim, conseiller ; Dinonatte Dache, conseiller ; Dourgachorone Roquitte, conseiller.

La séance étant ouverte, et après lecture du procès-verbal de la dernière séance, qui est adopté sans observations, le président prenant la parole, s'exprime de la manière suivante :

« Messieurs,

« A la séance du 7 novembre, plusieurs membres du Conseil, dans la discussion au sujet de l'emplacement de l'hospice-hôpital, ont paru reconnaître comme lieu très convenable l'Esplanade servant aux récréations des élèves des deux écoles et située derrière l'habitation Dumaine, à l'est de la rue du fossé.

« Je tiens à constater aujourd'hui que cette opinion

était aussi la mienne. Je l'ai déclaré hautement ; j'ai même ajouté que si la Commission de 1869 m'avait proposé cet emplacement, je me serais empressé de l'accepter :

« Le terrain de l'Esplanade forme un parrallélogramme rectangulaire pouvant, sans travaux préparatoires, recevoir immédiatement les fondations de l'hospice-hôpital Son étendue me semble plus considérable que le jardin Mortimer ; le sol est plus uni, plus régulier. Sa situation est excellente sous tous les rapports. Je n'hésite pas à lui donner la préférence sur celle du jardin Mortimer.

« Quant à la plaine de l'Aldiguy, je persiste à la rejeter pour les nombreuses raisons qui vous ont été déjà exposées. »

Cette constatation faite, le Président exprime un vœu conçu en ces termes :

« Avant de nous séparer, Messieurs, j'exprime le vœu que l'excédant des recettes, qui se produit chaque année au budget du service local de la Dépendance, soit laissé en entier à sa disposition jusqu'à ce qu'elle soit pourvue d'un hospice-hôpital, d'une nouvelle église et des moyens nécessaires pour éclairer et arroser les rues de Chandernagor.

« Je pense que trois années pourront lui suffire. »

Le Conseil, à l'unanimité, s'associe au vœu exprimé par le président.

Aucun autre sujet n'étant mis en délibération, le Président prononce la clôture de la session ordinaire dont la durée a été fixée à 15 jours par l'arrêté de M. le Gouverneur en date du 24 août 1872.

Le procès-verbal lu et adopté en Conseil est ensuite signé par le Président et le secrétaire.

La séance est levée à 8 heures.

Le secrétaire,
Signé DUMAINE.

Le Chef de service, président,
Signé DURAND.

CONSEIL LOCAL DE KARIKAL

SESSION ORDINAIRE.

*Séance d'ouverture du 3 novembre 1873,
à 8 heures du matin.*

Présents :

MM. Liautaud, Chef de service, président ; De Rozario, conseiller ; Laforgue, id. ; Thétard, id. ; Gaudart, id. ; Gnanaprégassapoullé, id. ; Douressàmiodéar, id. ; Vassoudevamodéliar, id. ; Appacouttimodéliar, id.

M. le Président expose que le Conseil local est réuni, en session ordinaire, par arrêté de M. le Gouverneur en date du 25 octobre dernier.

Conformément à l'article 3 de l'arrêté du 24 août 1872, à l'ouverture de la séance, le bureau provisoire est composé de : MM. Liautaud, Chef de service, Président ; Laforgue, vice-président, comme doyen d'âge ; De Rozario, secrétaire, comme le plus jeune des membres.

Le Conseil passe ensuite à la vérification et à la validation de l'élection de M. Gaudart, appelé à remplacer M. Guerre, démissionnaire. Du procès-verbal des opérations électorales de la section 1re, ville Blanche, Etablissement de Karikal, en date du 24 août 1873, il résulte que, parmi les 50 électeurs inscrits, 35 ont voté et que, par suite, M. Gaudart, qui a eu 27 voix, a obtenu la majorité absolue des suffrages exprimés et un nombre de voix égal au quart des électeurs inscrits. Son élection, d'ailleurs, n'ayant donné lieu à aucune protestation, et M. Gaudart ayant, du reste, justifié de sa nationalité, le Conseil, à l'unanimité, valide son élection.

M. Le Président rappelle ensuite que le Conseil doit former son bureau définitif. L'assemblée procède à la nomination du vice-président par voix d'élection.

Neuf bulletins sont déposés dans l'urne. Ce nombre est égal à celui des votants. M. le Président fait le dépouillement du scrutin, qui donne le résultat suivant :

MM. Laforgue.................... 8 voix.
Thétard...................... 1 —

En conséquence, M. Laforgue réunissant la majorité absolue, est nommé vice-président.

L'assemblée procède de la même manière à la nomination du secrétaire.

MM. Gaudart obtient.............. 5 voix.
De Rozario................... 3 —
Thétard..................... 1 —

M. Gaudart, à la majorité absolue, est nommé secrétaire.

Ces formalités une fois remplies, M. le Président s'exprime ainsi :

« Messieurs, l'intérim de Chef de service de Karikal qui m'a été confié par décision de M. le Gouverneur en date du 13 septembre dernier, me procure l'honneur de présider, cette année, le Conseil local de l'Établissement. Arrivé depuis peu au milieu de vous, j'ai, à peine, eu le temps de lire les nombreux règlements spéciaux à la localité et d'étudier, à la hâte, les questions qui pourraient être traitées pendant la durée de nos travaux. Je compte beaucoup sur votre concours, car, en lisant les procès-verbaux de vos délibérations de la dernière session, j'ai pu me convaincre que vous étiez tous animés d'un excellent esprit et que vous n'aviez qu'un but, celui d'assurer, de concert avec l'Administration, la prospérité de l'Établissement. Je suis persuadé que vous persévérerez dans ces bonnes dispositions ; j'espère que nous allons commencer nos travaux avec une réciproque confiance. »

M. le Président fait connaître à l'assemblée que le Conseil local n'a pas, dans sa session ordinaire de 1872, déterminé, par la voie du sort, l'ordre de série pour le remplacement triennal de ses membres ; il invite, par conséquent, l'assemblée à réparer cette omission. Il est convenu que les deux premiers noms sortant dans chacune des listes seront ceux des membres devant sortir après les trois premières années.

Le bureau procède à cette opération, qui donne le résultat suivant :

Pour la 1re liste : MM. Thétard et Gaudart.
Pour la 2e liste : MM. Gnanaprégassapoullé et Appacouttimodéliar.

M. le Président donne communication au Conseil d'une dépêche ministérielle en date du 28 février dernier, n° 31, qui attribue aux Présidents des Conseils locaux des Établissements de l'Inde, le droit de participer à la nomination des membres élus du Conseil colonial, contrairement à l'opinion émise par le Conseil local de Pondichéry.

M. le Chef de service expose qu'un crédit extraordinaire de 600 francs destiné à couvrir l'insuffisance de l'allocation votée par le Conseil colonial à la Ire section, chapitre II, article 5 : *Frais de justice*, a été accordé par arrêté de M. le Gouverneur en date du 18 août dernier, que ce crédit supplémentaire doit, aux termes de l'article 45 du décret financier du 26 septembre 1855, être soumis à la ratification du Conseil colonial ; mais comme le Conseil local est appelé, par la nouvelle Constitution, à donner son avis sur toutes les matières de la compétence de la première assemblée, il a l'honneur de soumettre à l'appréciation du Conseil, la demande de crédit dont il s'agit.

Le Conseil, à l'unanimité, exprime un avis favorable.

M. de Rozario demande quelle suite a été donnée aux vœux suivants émis par le Conseil dans sa session ordinaire de 1872 :

1° Rétablissement du bureau télégraphique à Karikal ;

2° Assainissement de l'étang situé derrière l'église de Notre-Dame-des-Anges.

M. le Chef de service répond qu'en ce qui concerne le rétablissement du télégraphe, le Gouverneur, en Conseil colonial, l'a approuvé en principe et que des démarches actives ont été faites, en conséquence, auprès de l'Administration anglaise pour obtenir les renseignements nécessaires à la conclusion de cette affaire. Il ajoute que, d'après une récente lettre du collecteur de Tanjore, les renseignements dont il s'agit auraient été demandés au supérintendant des télégraphes à Madras, qui devait les fournir dans un bref délai.

Quant à la 2e question, il fait connaître au Conseil que, dès son arrivée dans l'Etablissement, il a mis les propriétaires de l'étang en demeure d'exécuter la décision du

Conseil colonial qui leur accordait jusqu'en juillet, pour le curage de l'étang et pour l'établissement d'un parapet. La corporation des tisserands a refusé de se rendre à son invitation en alléguant qu'elle était trop pauvre pour payer de pareilles dépenses. Le Gouverneur informé de ce fait a donné l'ordre de procéder immédiatement aux travaux d'assainissement et a prescrit de demander aux tisserands s'ils consentiraient à ce que les travaux d'entourage soient exécutés par les ponts et chaussées sauf remboursement. Ils ont répondu négativement.

Le Président ajoute que le curage n'a pu avoir lieu par suite de la crue des eaux qui aurait rendu l'opération beaucoup plus coûteuse que ce qu'on avait prévu. De l'avis du chargé du service des ponts et chaussées, elle a été renvoyée après la mousson.

Conformément à l'article 20 du décret du 13 juin 1872, combiné avec l'article 40 paragraphe 14 du même acte, M. le Chef de service soumet au Conseil, pour avis, le tarif annuel des taxes et contributions de l'Etablissement pour 1874, qui n'a donné lieu à aucune observation.

M. le Président fait le dépôt des pétitions suivantes portant la date du 3 novembre 1873 :

1° Les mirasdars de Vanjiour sollicitent la construction d'un déversoir sur le Pravadéanar ;

2° Le nommé Dévarambapoullé demande qu'il soit construit un pont sur le déversoir de Nallatour et que les digues d'entourage de cette aldée soient exhaussées et fortifiées ;

3° Les mirasdars de Tengaré-Cotchéry exposent que les tamariniers qui bordent leurs rizières sont nuisibles et demandent que ces arbres soient remplacés par d'autres arbres moins touffus ;

4° La nommée Annoucannammalle, petite-fille de Louis-Bahou-Prégassen, demande qu'il lui soit accordé une part sur la prestation dont jouit la famille de son aïeul, ancien divan ;

5° Le nommé Anandarayen dit Douressamymodéliar sollicite que la part de prestation que touchait feu sa mère, petite-fille de Louis-Bahou-Prégassen, lui soit octroyée.

L'Assemblée renvoie l'examen de ces pétitions après la discussion du budget.

M. le Président présente au Conseil le projet du budget des recettes, en l'appuyant d'un exposé des motifs dont il donne lecture.

EXPOSÉ DES MOTIFS
relatif au projet de budget des recettes du service local spéciales à l'Etablissement de Karikal.

J'ai l'honneur de soumettre au Conseil local, conformément à l'article 20 de l'arrêté constitutif du 13 juin 1872, le projet de budget établi dans les formes réglementaires, des recettes spéciales à l'Etablissement de Karikal pour l'année 1874.

Ce document se divise en trois chapitres comprenant : 1° les contributions directes; 2° les contributions indirectes; 3° les divers produits du budget. Ils se totalisent à une somme de.. 353,339f 20c

Comparé au budget de 1873, voté en séance du Conseil colonial le 19 décembre 1872 et s'élevant à...................... 351,589 20

Il ressort une différence en plus, pour l'exercice 1874, de.................. 1,750 00

Cette différence en plus provient d'augmentations dans certaines prévisions, qui vont être expliquées.

CHAPITRE 1er : CONTRIBUTIONS DIRECTES.

Les recettes du chapitre 1er ne donnent lieu à aucune observation. Elles se totalisent, comme en 1873, à la somme de 174,276 fr. 40 c. et sont spéciales à l'impôt foncier dans les trois maganoms de l'Etablissement.

CHAPITRE II : CONTRIBUTIONS INDIRECTES.

Le chapitre 2 : Contributions indirectes, offre sur l'année en cours une augmentation de recettes, qui s'explique comme suit :

Droit de 1 1/2 p. o/o sur le produit brut de ventes des objets saisis

A reporter... 1,750 00

Report... 1,750 00

ou de terres expropriées pour cause d'arriérés.

En 1873..........
En 1874.......... 50
———
50 00

Contrairement aux prescriptions de l'arrêté du 18 août 1865, on avait omis de percevoir ce droit jusqu'à ce jour ; c'est pour réparer cette omission que la prévision de 5o fr. a été portée au budget.

Remboursement des frais de justice avancés par le Trésor.

En 1873.......... 150
En 1874.......... 250
———
100 00

Cette augmentation de 100 fr. portée en vertu des ordres de l'Administration supérieure, est le résultat de la moyenne des recettes obtenues en 1872 et pendant les six premiers mois de 1873.

Droit de licences pour les débits du callou.

En 1873....... 2,400
En 1874....... 3,400
——— 1,000 00

Cette augmentation de 1,000 fr. est la conséquence de la mise en adjudication des licences pour les débits de callou en ville, ordonnée par l'arrêté du 19 juin 1872. Cette excellente mesure qui garantit beaucoup plus la responsabilité de l'Administration, a produit une amélioration notable dans les recettes de cet impôt ainsi que l'avait prévu l'Administration.

A reporter... 1,150 00   1,750 00

| | Report... | 1,150 00 | 1,750 00 |

Droit de certificat d'origine sur les huiles et produits récoltés français.

En 1873.......... 500
En 1874.......... 800
——— 300 00

Les prévisions pour les droits de certificat d'origine sur les huiles ont été fixées à 800 fr. avec une augmentation de 300 fr. attendu que la moyenne quinquennale est de 878 fr. 78 c. et la recette du 1er semestre de cette année est de 477 fr. 71 c. Cette branche de revenu tend à augmenter.

CHAPITRE III : DIVERS PRODUITS DU BUDGET

Le chapitre : Divers produits du budget présente sur l'année en cours une augmentation de recettes qui s'explique comme suit :

Remboursement des frais de poursuite pour le recou- de l'impôt.

En 1873..........: 500
En 1874.......... 800
——— 300 00

Les recettes des trois dernières années ont donné une moyenne de plus de 900 fr., dans le 1er semestre de cette année ; il a été constaté une rentrée de 400 fr., dès lors la prévision doit être portée à 800 fr.

1,750 00   1,750 00

	Augmentation.	Diminution.
Chapitre Ier	"	"
Chapitre II	1,450	"
Chapitre III	300	"
Reste en augmentation ainsi que je l'ai fait connaître plus haut.	1,750	"

Après cette lecture, le Conseil se livre à l'examen du projet du budget des recettes.

Arrivé à la prévision de 240 fr. inscrite au budget: Chapitre II, article 5, se rattachant à la délivrance des passe-ports, M. le Chef de service, sur la demande de M. Laforgue, fait connaître que la taxe des passe-ports a rapporté depuis le commencement de cette année un revenu de 2,486 fr. 40 c. et donne lecture d'une lettre de M. le Gouverneur réglant d'une manière satisfaisante aux armateurs le transport des passagers pour la côte de l'Est.

En présence du résultat obtenu au profit de l'Etablissement, à la suite de ce nouveau règlement, le Conseil, à l'unanimité, est d'avis de porter à 2,400 fr. la prévision dont il s'agit.

Les autres articles du projet de budget des recettes n'ayant donné lieu à aucune observation, ce projet est arrêté à la somme de 355,499 fr. 20 c.

Vu l'heure avancée, l'assemblée renvoie au lendemain, à huit heures du matin, la continuation de ses travaux.

M. le Président déclare la séance levée à dix heures et demie.

Signé H. LIAUTAUD, M. LAFORGUE, ED. THÉFARD, DE ROZARIO, GAUDART, A. GNANAPRÉGASSIN, V. DOURESSAMY, R. VASSOUDÉVANE ET S. APPACOUTTY.

Pour copie conforme :
Le Secrétaire,
Signé : GAUDART.

Vu : *Le Président*,
Signé : H. LIAUTAUD.

Séance du 4 novembre 1873.

Aujourd'hui, mardi, quatre novembre mil huit cent soixante-treize, à huit heures du matin, le Conseil local s'est réuni.

Etaient présents :

MM. Liautaud, Chef de service, président ; Laforgue, vice-président ; Gaudart, secrétaire ; Thétard, conseiller ; De Rozario, idem ; Gnanaprégassapoullé, idem ; Douressamyodéar, idem ; Vassoudevamodéliar, idem ; Appacouttimodéliar, idem.

A l'ouverture de la séance, sur l'invitation de M. le Président, le secrétaire donne lecture du procès-verbal de la précédente séance. Ce procès-verbal est adopté à l'unanimité.

M. le Président fait le dépôt d'une pétition à lui adressée par les macouas de l'Établissement, qui sollicitent une augmentation de salaires et la dispense pour eux de faire le service du port la nuit.

L'assemblée ajourne l'examen de cette pétition jusqu'après la discussion du budget.

M. le Chef de service lit l'exposé des motifs relatif au projet du budget des dépenses spéciales à l'Etablissement de Karikal, ainsi qu'il suit :

EXPOSÉ DES MOTIFS

relatif au projet du budget des dépenses spéciales à l'Établissement de Karikal, pour l'exercice 1874.

En conformité de l'article 20 du décret du 13 juin 1872, portant modification à la Constitution administrative de l'Inde, j'ai l'honneur de soumettre au Conseil local, après avoir pris les ordres de M. le Gouverneur, le projet de budget des dépenses spéciales à l'Établissement de Karikal pour l'exercice 1874.

D'après les prévisions du projet de budget des recettes que j'ai déjà eu l'honneur de présenter au Conseil, les ressources de l'Établissement s'élèvent à la somme de 355,499f 20c

La somme demandée pour assurer les divers services, pendant l'année 1874, est de 226,128 85

La différence.... 129,370 35

doit être reportée au budget de Pondichéry pour la part contributive de l'Établissement aux dépenses générales communes à tous les Comptoirs.

Les prévisions du budget de 1873 se totalisaient à la somme de................... 224,780 00
Celles inscrites au budget de cette année s'élèvent à........................... 226,128 85

Différence en plus..... 1,348 85

Pour permettre au Conseil de se rendre compte de cette différence, comme aussi d'apprécier l'importance et l'utilité des allocations que l'Administration demande et qui sont inscrites aux différents articles et chapitres des deux sections du projet de budget, je vais successivement donner les renseignements propres à justifier les causes des augmentations et des diminutions qui établissent la balance en plus que j'ai fait ressortir plus haut.

1re SECTION.

Dépenses obligatoires.

CHAPITRE 1er: PERSONNEL.

Crédit demandé........................ 7,481^f
Article 1er. Solde............... 7,331^f
— 2. Accessoires de la solde.... 150
⎯⎯⎯ 7,481

Art. 1er. Solde.

Cet article comprend : 1o le personnel du secrétariat du Chef de service ; 2o les agents du personnel de la justice qui ne sont pas rétribués au compte du budget colonial.

§ 1er. Secrétariat du Chef de service.

La somme portée à ce service est de.... 1,847
Elle présente une augmentation de 100^f sur les prévisions de l'année dernière. Cette somme est demandée pour récompenser les services de mon interprète, qui en est digne à tous égards.

§ 2. Justice.

A reporter... 1,847

                              Report...   1,847
Les prévisions de ce paragraphe qui s'é-
lèvent à la somme de..................   5,184
sont les mêmes que celles portées au budget
de l'année dernière.

Art. 2. Accessoires de la solde.
Les prévisions de cet article s'élèvent,
comme l'année dernière, à la somme de...   150
                                         ─────   7,181

CHAPITRE II : MATÉRIEL.

Ce chapitre comporte un crédit total de........   5,754 f
se divisant comme suit :

Art. 1er. Dettes exigibles.

La prestation de 500 fr. inscrite l'année dernière,
à cet article, en faveur des héritiers de Louis-Bahou-
Prégassen a été portée à la IIe. section, article 7, du
chapitre II des dépenses facultatives, par décision du
Gouverneur, du 20 octobre, prise en vertu des ordres
du Ministre de la marine contenus dans sa dépêche
du 21 juillet dernier.

Art. 2. Travaux et approvisionnements.

Travaux des ponts et chaussées..   550

Cette somme est employée à l'entretien
courant de mon hôtel, d'après estimation et
détails portés au plan de campagne ; la prévision est la même que celle de l'année dernière.

Art. 3. Loyers d'établissements.   1,594

La somme demandée, à ce titre, est spécialement affectée à la location des Etablissements suivants ; elle est le résultat de baux
en cours d'exécution :

Parquet du Procureur de la Ré-
publique....................   200
Cabinet du juge d'instruction...   200
Tribunal de première instance..   600
Justice de paix.............   594
             Somme égale... ─────
                              1,594
             A reporter...   2,144   5,754

Report...	2,144	5,754
Art. 4. Entretien des mobiliers..	1,410	
Hôtel du Chef de service...... 1,000		
Secrétariat et Tribunaux...... 410		
Total... 1,410		

Cet article se compose des allocations nécessaires à l'entretien de l'ameublement de mon secrétariat, du parquet, du cabinet du Président du Tribunal et de la justice de paix.

La prévision est la même que celle de l'année dernière.

Art 5. Frais de justice et de procédure.................	600

Cette prévision est la même que celle de l'année dernière

Art. 6. Achat de livres pour la bibliothèque du Tribunal.......	600

Même prévision que l'année dernière.

Art. 7. Dépenses pour les élections.	1,000

Même prévision que l'année dernière.

Totaux égaux..	5,754	5,754

En résumant les propositions faites au titre de la première section, on trouve que les dépenses obligatoires s'élèvent, savoir :

Personnel...	7,481
Matériel...	5,754
Total...	13,235

2e SECTION.
Dépenses facultatives.

CHAPITRE Ier : PERSONNEL.

Crédit demandé......................		98,559
Article 1er. Solde...............	95,709	
— 2. Accessoires de la solde....	2,850	
A reporter.		98,559

Report... 98,550

Art. 1er. Solde.

A cet article sont classés les traitements, salaires et accessoires du personnel composant les services suivants : Gouvernement colonial; Administration générale ; Direction du port ; Service de santé ; Contributions et Domaine ; Police ; Ponts et chaussées; Services spéciaux comprenant les plantations, l'État-civil, la Prison et Agents divers.

A cet article se rattache encore l'instruction publique dont les allocations seront inscrites d'office au budget, avant le vote du Conseil colonial, conformément au dernier paragraphe de l'article 43 du décret du 13 juin 1872.

§ 1er. Gouvernement colonial.

Les dépenses afférentes à ce service s'élèvent à la somme de...................... 1,025
et concernent les agents subalternes attachés à l'hôtel du Chef de service ; c'est la reproduction des prévisions de l'année dernière.

§ 2. Administration générale Commissariat de la marine.

Sous ce titre sont classés les employés du Commissariat et les divers agents attachés aux détails administratifs. La prévision pour cette année est de.......... 3,421
Elle présente une augmentation de 75 fr. sur celle de l'année dernière, somme qui a été donnée en supplément à un écrivain provenant du Contrôle et attaché aux détails administratifs à la solde de 500 fr., en remplacement d'un écrivain de l'Administration parti pour Saïgon, qui ne jouissait que d'une solde de 425 fr.

La suppression du Contrôle, qui a eu lieu en vertu du décret du 15 avril 1873, procure une économie au budget local de 1,585 fr.

A reporter... 4,446 98,559

Report... 4,416 | 98,559

Service du port.

La prévision pour ce service s'élève à la somme de.......................... 3,900

Elle n'a pas varié; elle sert à payer la solde et accessoires du lieutenant, des employés et des agents du port.

Service de santé.

Sous ce titre sont compris les officiers de santé natifs, vaccinateurs, pharmaciens et tous les agents attachés à la maison de santé. La prévision a été augmentée de 60 fr.; elle s'élève pour cette année à.... 3,215

Elle doit servir à améliorer les salaires du cuisinier, qui n'avait que deux roupies par mois; aussi était-il impossible de s'en procurer.

Administration financière. Contributions et Domaine.

Les prévisions du budget de ce service important sont plus élevées que celles de l'année dernière de 550 fr. et portent les dépenses totales de ce service, y compris la poste aux lettres, à................. 39,454

Cette augmentation a pour but d'améliorer la solde de quelques agents subalternes présentés comme les plus méritants par M. le Receveur du Domaine.

§ 3. Police.

Le crédit demandé pour cette année est de........................... 19,620

supérieur seulement de 100 fr. au chiffre de l'année dernière. Cette légère augmentation est destinée à récompenser, dans une bien faible mesure, les services du Commissaire de police; mais on ne pouvait sortir de cette limite sans violer l'arrêté du 18 décembre 1868.

§ 4. Ponts et chaussées.

La dotation de ce service s'élève à la somme de........................ 8,265

A reporter... 78,030 | 98,559

Report... 78,030 98,559

C'est le même chiffre que l'année dernière.

§ 5. Instruction publique.

Les dépenses de ce service, sont aux termes de l'article 43 du décret du 13 juin 1872, réglées par le Gouverneur en Conseil d'administration et inscrites d'office au budget.

§ 6. Services spéciaux.

Sous ce titre figurent, comme je l'ai déjà énoncé, le service des plantations, l'état-civil indien, le service de la prison; les prévisions de cette année s'élèvent à la somme de.......................... 2,550
supérieures de 200 fr. à celles de l'année dernière. Cette augmentation de dépense a pour but de faire droit à la demande du Conseil local, en créant un emploi de guichetier dont l'utilité était devenue incontestable.

§ 7. Supplément pour fonctions spéciales.

La prévision est la même que l'année dernière, soit 1,000 fr. pour le commissaire d'émigration. On a prévu en plus une somme de 40 fr. pour frais de bureau qui avait été omise par erreur au précédent budget........................... 1,040

Art. 2. *Accessoires de la solde.*

Frais de conduite, vacations, frais de passage.

Même prévision que l'année dernière soit............................... 2,850

Pour arriver au chiffre total du crédit que doit comprendre le chapitre 1er : Personnel, il y a à ajouter à la somme ci-dessus, celle relative aux dépenses d'instruction publique que le décret a réservées au vote exclusif du Gouverneur en Conseil d'administration et évaluées à........... 13,189

Totaux égaux... 98,559 98,559

CHAPITRE II : MATÉRIEL.

Le crédit proposé au Conseil s'élève à 114,334 85

Savoir :

Article 1er. Travaux et approvisionnements...............	60,465 00
Article 2. Entretien des mobiliers.....................	2,208 00
Article 3. Loyers d'établissements...................	4,010 85
Article 4. Frais de transport par terre et par eau...............	200 00
Article 5. Matériel des prisons.	3,600 00
Article 6. Secours, dotations, subventions, dépenses diverses...	42,651 00
Article 7. Dépenses éventuelles.	1,200 00
	114,334 85

Art. 1er. Travaux et Approvisionnements.

La prévision pour les travaux énumérés au plan de campagne s'élèvent à la somme de 60,465 fr. dont les détails sont compris à ce document. Les principaux travaux à exécuter cette année sont la continuation de l'empierrement neuf de la route de Nagour avec des pierrailles du Tanjore, le prolongement du mur de soutènement en maçonnerie pour la digue nord de l'Arselar, l'empierrement des routes de Tirnoullar et de Nédouncadou. Je suis d'avis de ne rien entreprendre de nouveau, avant que les rues de la ville et les routes, qui sont dans un état pitoyable, ne soient entièrement réparées, ce qui, à mon avis, exigera encore plusieurs années si l'on considère les difficultés qu'on éprouve à se procurer ici les matériaux.

Art. 2. Entretien du mobilier.

La prévision s'élève à la somme de 2,208 fr. Elle présente une augmentation de 100 fr. sur le chiffre de l'année dernière qui était erroné; car il n'avait été prévu que 500 fr. pour frais de matériel alloués au Domaine tandis que l'ancien chiffre reconnu nécessaire s'élevait à 600 fr. Avec la dotation qui était accordée au Contrôle, soit 60 fr. par an, on a augmenté de 25 fr. les crédits du port et de 35 fr. ceux de la police, qui avaient été reconnus insuffisants.

Art. 3. Loyers d'établissements.

Les crédits demandés pour cet article s'élèvent à la somme de 4,010 fr. 85 c.

Ils se divisent en deux parties :
1° Service administratif.................... 1,146 50
2° Instruction publique.................... 2,864 26

Cette dernière prévision est supérieure de 300 fr. à celle accordée l'année dernière, et l'augmentation doit être affectée à la location d'une maison pour l'école des jeunes filles indiennes à Karikal dont la création a été autorisée en principe par le Gouverneur.

Le paragraphe 1er concerne les loyers des maisons louées pour les divers services publics au compte de la colonie. Les chiffres de ces loyers résultent des baux en cours. Le 2e paragraphe concerne les loyers des divers établissements d'instruction publique. Cette dernière dépense doit être réglée par le Chef de la colonie en Conseil d'administration et inscrite d'office au budget conformément à l'article 43 § 2 du décret précité du 13 juin 1872 (lettre du 22 janvier 1873, n° 9).

Art. 4. *Frais de transport par terre et par eau.*

La dépense portée à ce titre figure pour 200 fr.; elle est la même que celle prévue au budget de 1873.

Art. 5. *Matériel des prisons.*

Le crédit demandé est le même que celui inscrit au budget de 1873; il s'élève à 3,600 francs. Cette somme est affectée à la nourriture des prisonniers et à l'achat des objets de matériel nécessaires aux prisons.

Art. 6. *Secours, dotations, subventions, dépenses diverses, etc.*

§ 1er. **Pensions et secours**

Le chiffre des sommes à affecter cette année en pensions et secours s'élève à........................ 2,825

Il est supérieur de 677 francs à celui des années antérieures. Cette augmentation provient : 1° de l'inscription, à ce titre, en vertu d'une dépêche ministérielle du 21 juillet dernier, de la prestation en faveur de la famille de Louis-Bahou-Prégassen (500 fr.) qui figurait au chapitre II, art. 1er de la première section : Dépenses obligatoires;

2° De l'inscription de nouveaux pensionnaires qui étaient précédemment domiciliés à Pondichéry (177 fr.), lettre du Gouverneur du 20 octobre 1873, n° 229.

§ 2. Subvention et dotation aux cultes, à l'instruction publique, au bureau de bienfaisance.

Les dépenses classées à ce paragraphe comprennent :
1° La subvention au Comité de bienfaisance............................ 8,000
2° Achat de livres pour les écoles..... 500
                                              ——— 8,500

Le Conseil local ne doit donner son avis que sur la dotation du Comité ; il doit être statué par le Gouverneur en Conseil sur le crédit destiné à l'achat des livres.

§ 3. Subventions et allocations; diverses primes.

Les prévisions de ce paragraphe comprennent :
La subvention pour les enfants pauvres.   600
La subvention pour le service municipal. 1,000
L'allocation pour le service des plantations........................... 700
La prime pour la propagation de la vaccine................................. 120
                              Total..   ———   2,420

comparé au chiffre de l'année dernière (2,020 fr.) fait ressortir un excédant de 400 fr. en faveur du service municipal dont les dépenses ont augmenté par suite des nouvelles obligations qui lui sont imposées par l'arrêté du 18 juin 1873 sur la police des chiens.

§ 4. Dépenses diverses.

A ce paragraphe figurent les frais de reliure, de fourniture de registres, de publication, d'abonnement aux journaux, etc..................... 1,000
Les dépenses pour l'éclairage des établissements publics et des postes...................... 2,000
                              A reporter... 3,000

A reporter...	3,000
Les frais relatifs aux dégrèvements des impôts et autres droits...	500
Les restitutions d'amendes et droits indûment perçus...	77
Les frais de poursuites...	500
Les sommes nécessaires pour l'achat du sel au Gouvernement anglais...	3,708
Les frais de transport de ce sel...	2,515
Les remboursements à divers de la part leur revenant dans les anciens frais généraux de l'établissement...	15,000
La remise pour la vente des timbres-postes...	10
Les dépenses pour l'entretien de la maison de santé...	3,596
Total...	28,906
Total de l'article 6...	42,651

Récapitulation des paragraphes de l'article 6.

1o Pensions et secours...	2,825
2o Subventions aux cultes et à l'instruction publique...	8,500
3o Subventions, allocations, primes...	2,420
4o Dépenses diverses...	28,906
Total...	42,651

Art. 7. Dépenses éventuelles.

Le crédit demandé s'élève à la somme de 1,200 fr. qui est la même que celle inscrite au budget de 1873.

Le projet de budget dont je viens de donner les détails au Conseil se totalise, savoir :

Ire SECTION.

Dépenses obligatoires.

Personnel...	7,481 00	
Matériel...	5,754 00	
		13,235 00
A reporter...		13,235 00

Report... 13,235 00

IIe SECTION.
Dépenses facultatives.

Personnel................ 98,559 00
Matériel................. 114,334 85
                        ——————— 212,893 85
                        Total général... 226,128 85

Karikal, le 3 novembre 1873.

Le Chef de service p. i.
H. LIAUTAUD.

Cette lecture faite, le Conseil examine le budget des dépenses divisé en deux sections : Dépenses obligatoires et Dépenses facultatives.

Ire SECTION.
Dépenses obligatoires.

CHAPITRE Ier : PERSONNEL.

Art. 1er.— Solde.

Les prévisions de cet article se sont élevées l'année dernière à la somme de 7,231 francs; elles se trouvent portées cette année à celle de 7,331 fr. d'où une différence en plus de 100 fr. qui forme l'augmentation demandée pour l'interprète du Gouvernement. Le Conseil, d'un avis unanime, approuve cette augmentation. En conséquence, le Conseil arrête le total de cet article à la somme..................... 7,331

L'article 2 : Accessoires de la solde, ne soulève aucune observation, les prévisions de cet article s'élevant d'ailleurs, comme l'année dernière, à la somme de..................... 150
                                    ——— 7,481

CHAPITRE II : MATÉRIEL.

Ce chapitre ne fait l'objet d'aucune discussion, les prévisions de ce chapitre qui s'élèvent à la somme de..................... 5,754

sont les mêmes que celles de l'année dernière   13,235

Le Conseil est d'avis d'arrêter les dépenses obligatoires comme suit :

Personnel 7,481
Matériel 5,754
Total... 13,235

La séance est levée à dix heures et demie et renvoyée au surlendemain, à huit heures du matin.

Signé : H. LIAUTAUD, M. LAFORGUE, ED. THÉTARD, DE ROZARIO, GAUDART, A. GNANAPREGASSEN, V. DORESSAMY, R. VASSOUDÉVANE et S. APPACOUTTY.

Pour copie conforme :
Le Secrétaire,
GAUDART.

Vu : *Le Président,*
H. LIAUTAUD.

Séance du 6 novembre 1873.

Aujourd'hui, jeudi, six novembre mil huit cent soixante-treize, à huit heures du matin, le Conseil local s'est réuni à l'hôtel du Chef de service.

Etaient présents :

MM. Liautaud, Chef de service, président ; Laforgue, vice-président; Gaudart, secrétaire ; Thétard, conseiller; De Rozario, id ; Gnanaprégassapoullé, id.; Douressamyodéar, id.; Vassoudévamodéliar, id ; Appacouttymodéliar, id.

Sur l'invitation de M. le président, le secrétaire donne lecture du procès-verbal de la séance précédente. Ce document est adopté sans observations.

M. le Chef de service donne lecture des prévisions de dépenses ci-après :

2ᵉ SECTION.
Dépenses facultatives.

CHAPITRE Iᵉʳ : PERSONNEL.

Article 1ᵉʳ. Solde.

§ 1ᵉʳ. Gouvernement colonial.. 1,025ᶠ 00ᶜ

Même prévision qu'en 1873.

2. Administration générale.

Commissariat de la marine.

La prévision est de 3,421 fr.; celle de l'exercice 1873, était de 3,346; la différence de 75 fr. en plus, provient d'une augmentation de solde accordée à un ancien employé du Contrôle attaché, depuis la suppression de ce service, aux détails administratifs.

Le Conseil est d'avis d'approuver cette augmentation.

Contrôle.

La suppression du Contrôle produit à l'Etablissement une économie de 1,585 fr.

Service du port................. 3,900 f

Même prévision qu'en 1873.

Service de santé................ 3,245

Même prévision qu'en 1873, avec une augmentation de 60 fr. en faveur du cuisinier de la maison de santé, augmentation approuvée par le Conseil.

Administrations financières. — Contributions et Domaine.

La prévision pour 1874, est de.........	39,454 f
Elle était en 1873, de.................	38,904
D'où une différence en plus de.........	550

provenant des augmentations suivantes demandées par M. le Receveur du Domaine et approuvées par le Conseil, savoir:

1° 50 fr. pour le chef pion, qui compte 28 ans de service;

2° 50 fr. pour chaque gomasta ne touchant jusqu'à présent que 200 fr. par an;

3° 20 fr. pour chaque taléary, qui ne reçoit jusqu'à présent que 100 fr.

§ 3. Police civile................. 19,620 f

Même prévision que l'année dernière, avec augmentation de 100 fr. en faveur du commissaire de police par application du principe posé dans l'arrêté du 28 décembre 1866.

Le Conseil rappelle les vœux qu'il a émis dans sa session de 1872, à l'effet de faire porter de 71 à 80, l'effectif des gardes de police et de les faire armer de fusils et de sabres. Le Conseil croit qu'il est nécessaire de renforcer ainsi ce service, pour rendre sa surveillance plus efficace dans les magasins et dans la ville. Il espère, par suite, qu'il sera fait droit à son vœu cette année.

§ 4. Ponts et chaussées.......... 8,265 f

Cette prévision est la même que celle de l'année dernière.

§ 5. Instruction publique.

Le vote de cette dépense n'étant pas de la compétence du Conseil, on ne procède pas à son examen.

§ 6. Services spéciaux............ 2,550 f

Augmentation de 200 fr. en 1874. Elle est la solde d'un guichetier pour la prison de Karikal. Le Conseil reconnaît et l'utilité de la création de cet emploi et la dépense inscrite à cet effet.

§ 7. Supplément pour fonctions spéciales.................... 1,040 f

Même prévision que pour l'année 1873, avec une augmentation de 40 fr. représentant les frais de bureau de l'officier chargé du service de la place. Cette dernière somme a été omise au budget de 1873.

Art. 2. Accessoires de la solde.... 2,850 f

Même prévision que pour l'année 1873.

Total du chapitre 1er. — Personnel. 98,559

M. Fallofield, chargé du service des ponts et chaussées est introduit et prend séance, avec voix consultative.

CHAPITRE 2 : MATÉRIEL.

Article 1er. Travaux et Approvisionnements.

§ 1er. Travaux des ponts et chaussées. Salaires d'ouvriers et Approvisionnements.

Examen du plan de campagne des travaux à exécuter à Karikal en 1874.

M. Fallofield donne lecture au Conseil du détail des travaux proposés par lui pour 1874; ils se classent ainsi qu'il suit :

Ire SECTION.

Dépenses obligatoires.

CHAPITRE Ier : EDIFICES PUBLICS.

Entretiens courants et grosses réparations.

Cette première section, qui a trait à l'entretien de l'hôtel de M. le Chef de service, ne donne lieu à aucune observation de la part du Conseil, qui adopte l'allocation de 550 fr. prévue à cet effet.

SECTION II.

Dépenses facultatives.

CHAPITRE Ier : ENTRETIENS COURANTS.

Article 1er. Edifices publics.

Les prévisions de dépenses comprises à cet article et s'élevant à 2,975 fr. sont acceptées par le Conseil, qui manifeste seulement le désir que le carrelage des édifices publics soit fait avec les briques de Singapour. Ce carrelage, à raison de sa solidité et de sa netteté, est préférable au carrelage qui se fait maintenant dans les édifices publics avec les briques du pays, qui se détériorent trop rapidement.

M. le conducteur des ponts et chaussées ne voit aucun inconvénient à employer ces briques de Singapour toutes les fois qu'il lui sera possible de s'en procurer, suivant les ressources dont il peut disposer pour chaque carrelage d'après les prévisions du plan de campagne.

Article 2. *Travaux d'art, routes, rues et places de la ville, chaussées, ponts et ponceaux, terrassements des digues des principaux cours d'eau de l'Établissement, piquetage de l'estacade et des digues de l'Arselar, plantations, etc.*

Procédant à l'examen de cet article, le Conseil ne voit pas la nécessité de reconstruire entièrement l'intérieur du second puits du jardin de l'Etat et de le creuser plus profondément, il en existe un autre dans ce jardin et les eaux de ces deux puits servent suffisamment à l'usage de la population. Quant aux travaux de réparation de ces même puits, le Conseil est d'avis qu'ils peuvent être faits l'année prochaine.

En conséquence de cet avis, il y a lieu de supprimer la prévision de 300 fr. portée au plan de campagne.

Les allocations prévues pour l'entretien des rues et routes, des ponts et ponceaux, des digues des principaux cours d'eau et de l'estacade, à l'extrémité de la chaussée nord de la rivière Arselar, ne donnent lieu à aucune observation.

A propos de l'entretien de la digue Nord en aval et de la digue Sud en amont du pont de la rivière Arselar, le Conseil, contrairement à l'opinion émise par M. l'Ingénieur colonial dans la séance du Conseil colonial du 26 décembre 1872, estime qu'il est d'une nécessité absolue de consolider la digue Sud en amont. Plusieurs membres du Conseil, qui ont vu les lieux au moment des grandes crues, déclarent que cette digue doit être fortifiée sans retard, pour maintenir la rivière dans son lit dont la profondeur n'est pas toujours suffisante pour les besoins du batelage. M. Fallofield partage cet avis. Le Conseil, d'une voix unanime, pense, en conséquence, que la somme de 950 fr. prévue au plan de campagne est une prévision insuffisante et qu'il y a lieu de l'augmenter de 1,200 fr.

Le numéro 36, relatif aux plantations d'alignement, et le n° 37, relatif à l'enlèvement des raquettes, ne donnent lieu à aucune observation, quant aux allocations prévues pour ces deux objets.

Le Conseil approuve également la prévision de 2,700 fr. pour les travaux d'assainissement du chantier des bois, mais fait observer seulement que les travaux de remblai exécutés cette année, en exécution du vœu émis par le Conseil local de Karikal, le 8 novembre 1872 et approuvé par le Conseil colonial le 26 décembre suivant, ne seraient pas d'une grande utilité, si ce remblai n'était retenu, du côté de la rivière, par un mur en maçonnerie. Le Conseil demande, en conséquence, que ces travaux de terrassement soient ainsi consolidés par un mur.

M. Fallofield partage les observations du Conseil et pense que la prévision de 2,700 fr. portée au plan de campagne est suffisante pour l'exécution d'une portion de ce travail en maçonnerie.

Le total du chapitre 1er de la section II se trouve arrêté à la somme de.................... 32,325 fr.

Le Président communique à l'assemblée :

1° Une requête du nommé Cadarsamarécar, qui sollicite la concession, en sa faveur, des terres incultes situées à Kijavély;

2° Une pétition du nommé Divianadapoullé, contenant diverses demandes et propositions adressées au Conseil local.

Dépôt est fait de ces deux pétitions pour être ultérieurement examinées.

La séance est levée à 11 heures et renvoyée au lendemain à 8 heures et demie.

Signé : H. LIAUTAUD, M. LAFORGUE, ED. THÉTARD, DE ROZARIO, GAUDART, A. GNANAPREGASSIN, DOURESSAMY, R. VASSOUDÉVANE, S. APPACOUTTY.

Pour copie conforme :

Le Secrétaire,

GAUDART.

Vu : *Le Président,*

H. LIAUTAUD.

Séance du 7 novembre 1873.

Aujourd'hui, vendredi, sept novembre mil huit cent soixante-treize, à huit heures du matin, le Conseil local s'est réuni au lieu ordinaire de ses délibérations.

Etaient présents :

MM. Liautaud, Chef de service, président ; Laforgue, vice-président ; Gaudart, secrétaire ; Thétard, conseiller ; de Rozario, id. ; Gnanaprégassapoullé, id. ; Douressamiodéar, id. ; Vassoudévamodéliar, id. ; Appacouttimodéliar, id.

A l'ouverture de la séance, sur l'invitation de M. le Président, le secrétaire donne lecture du procès-verbal de la séance précédente. Ce procès-verbal est adopté à l'unanimité.

M. Fallofield, chargé du service des ponts et chaussées, est introduit et prend séance.

Continuation de l'examen du plan de campagne des travaux à exécuter à Karikal en 1874.

M. Fallofield donne lecture au Conseil du détail des travaux par lui proposés.

Chapitre II. — Travaux neufs.

Art. 1er. Edifices publics.

Cet article ne prévoit aucune somme pour le travail de la construction d'un bureau du Port.

Le Conseil local de Karikal, dans sa séance du 19 novembre 1872, avait émis le vœu que, dans la limite de 4,000 francs, ce bureau, composé de deux chambres, d'une varangue couverte, d'un cabinet et d'un magasin fût construit là où se trouve actuellement le bureau du batelage. Ce vœu a été approuvé par le Conseil colonial dans sa séance du 7 janvier 1873, et il a été décidé par M. le Gouverneur, que l'étude du projet de cette construction, serait faite par l'Administration dans les conditions indiquées par le Conseil local. Cette dépense se trouvant ainsi admise en principe, le Conseil local est d'avis de la porter au plan de campagne.

M. Fallofield communique au Conseil un plan préparé par lui et portant la dépense de cette construction à

5,400 francs; mais, sur les observations du Conseil, il offre de modifier son plan dans la limite de 4,000 francs et de le soumettre de nouveau au Conseil dans une de ses prochaines séances.

M. Laforgue se retire en s'excusant de ne pouvoir, pour cause d'indisposition, continuer à assister aux délibérations de la séance de ce jour.

Article 2. Travaux d'art, rues, routes, ponceaux, chaussées, mur de soutènement, etc.

Procédant à l'examen des divers travaux énoncés à cet article, le Conseil ne trouve pas la nécessité de construire cette année un ponceau en briques dans l'ancienne chaussée du port. La ruelle où doit être construit ce ponceau est peu fréquentée. Le Conseil estime que ce travail peut être ajourné à l'année prochaine.

Le Conseil trouve que la prévision de 5,100 francs pour la continuation de l'empierrement neuf de la route de Nagour avec des pierrailles de Tanjore est insuffisante. Il observe que le mode d'empierrement pratiqué jusqu'à présent sur cette route n'a pas eu un résultat très-suffisant, par suite du peu d'épaisseur donné à la crête. Si, à la portion à empierrer, on ne donne qu'une épaisseur de 25 centimètres à la crête et de 15 centimètres de chaque côté, elle nécessiterait continuellement des réparations. Le Conseil exprime donc le vœu que la portion de la route à construire soit empierrée dans des conditions meilleures que celles pratiquées ces dernières années, et demande, pour atteindre ce résultat, qu'un crédit de 2,500 francs soit ajouté à la prévision de 5,100 francs, portée au plan de campagne.

Le Conseil remarque que le plan de campagne prévoit 3,250 francs, pour le prolongement du mur de soutènement en maç... ie de la digue nord de l'Arselar pour une longueur . . 3 mètres. La longueur de cette digue, depuis le mur construit cette année jusqu'au pont de l'Arselar, est de 267 mètres, de l'avis de M. le Conducteur. Le Conseil observe que le travail à exécuter sur cette longueur peut être terminé dans deux années, soit 133 1/2 mètres par an; ce qui serait une économie pour l'Etablissement, car la portion de cette digue non consolidée par ce travail en maçonnerie nécessite des travaux d'entretien pour empêcher l'envahissement des eaux. Ces travaux d'entretien toujours coûteux peuvent être évités én hâtant la construction du prolongement du mur de soutènement en maçonnerie. En conséquence et sur l'avis conforme du chargé du service des ponts et chaussées, le Conseil émet le vœu qu'en dehors des 73 mètres proposés par ce fonctionnaire, il y a lieu de prolonger ce mur sur une longueur de 60 1/2 mètres et d'affecter à ce travail, en sus des 3,250 francs, prévus au plan de campagne, une somme de 2,715 francs.

Le Conseil émet le vœu que l'on ne s'occupe pas simultanément des travaux neufs d'empierrement à exécuter aux routes de Tirnoular et de Nédouncadou. La route de Nédouncadou est dans un état de dégradation tel, qu'il y a lieu de s'en préoccuper tout d'abord. Le Conseil estime, en conséquence, qu'il y a lieu d'employer exclusivement à l'empierrement de cette route les 8,380 francs, portés au plan de campagne.

Quant à la construction d'une passerelle sur le déversoir de Nallatour, dans la rivière de Nandalar, et pour laquelle, d'ailleurs, aucun crédit n'a été prévisé au plan de campagne, le Conseil local juge qu'il y a lieu d'ajourner ce travail.

Les autres travaux indiqués à l'article 2, avec les allocations prévues, ne donnent lieu à aucune observation.

Chapitre 3. *Subvention pour travaux en faveur de l'agriculture.*

Le Conseil approuve les prévisions de ce chapitre, en estimant seulement que les 35 francs prévisés pour la réparation de l'écluse de Melacassacoudy, lui paraissent insuffisants et qu'il y a lieu d'augmenter cette prévision de 15 francs.

CHAPITRE 4: SERVICE GÉNÉRAL.

Frais généraux pour ouvrages divers, Personnel et Matériel.

Toutes les prévisions des dépenses inscrites à ce chapitre sont approuvées par le Conseil.

M. le chargé du service des ponts et chaussées observe que, sur ses propositions, le Conseil local de Karikal, dans sa session de 1872, a demandé le rétablissement des cantonniers supprimés en 1871 du personnel des travaux de Karikal.

« La nécessité de ce rétablissement, ajoute M. Fal-
« lofield, est démontrée, quand on sait qu'ils ont à con-
« tribuer à l'entretien de 69 kilomètres de routes à l'ex-
« térieur de la ville. Sur près de 9,163 arbres plantés
« actuellement sur les routes de Karikal, plus de 866 sont
« jeunes et exigent une surveillance toute spéciale des can-
« tonniers qui, nommés par l'Administration, peuvent ver-
« baliser, ce que ne peuvent faire des coulis qui les rem-
« placent. »

Le Conseil local, approuvant les observations de M. Fallofield, renouvelle le vœu déjà émis à ce sujet dans sa session de 1872 et ajoute, en outre, que le rétablissement des cantonniers ne devant pas changer la dépense du personnel puisqu'ils continuent à être employés aux travaux d'entretien sous la dénomination de coulis, il lui semble qu'il est préférable de les faire commissionner, pour leur donner un caractère officiel et une responsabilité que ne présentent pas les coulis payés au jour.

En conséquence des diverses modifications faites par le Conseil, le crédit du plan de campagne s'élève à la somme de 70,068 fr. 21 c.

L'examen du plan de campagne étant terminé, M. Fallofield se retire.

M. le Chef de service reprend l'énumération des dépenses du budget.

L'article 1er du chapitre 2: Matériel, est arrêté, à l'unanimité, par le Conseil, à la somme de 70,320^f 21^c, se composant 1° de la somme prévisée au plan de campagne et 2° de 252 francs pour salaires d'ouvriers autres que ceux de la direction des ponts et chaussées.

Art. 2. *Entretien des mobiliers, matériel de divers bureaux.*

Le prévision de cet article est approuvée par le Conseil.

Art. 3. Achat de terrains et loyers d'établissements.

Cette dépense est approuvée également par le Conseil.

M. le Chef de service donne lecture d'une lettre de M. le Gouverneur en date du 31 octobre 1873, l'autorisant à renouveler le bail de la maison annexe au couvent des sœurs de Saint-Joseph de Cluny, laquelle appartenait précédemment à madame veuve A. Sicé et a été récemment achetée par la Mission. Aux termes de cette lettre, les seules modifications que la Mission désire voir apporter à l'ancien bail consistent à substituer le paiement trimestriel des loyers à leur acquittement mensuel et à faire disparaître la clause relative à l'entretien de la haie par l'Administration, cette clôture ayant été remplacée par une construction en maçonnerie. M. le Chef de service soumet au Conseil un bail préparé par lui, aux mêmes conditions de prix de location que celles ayant existé précédemment et ajoute que le prix du premier bail était également payable tous les mois.

Le Conseil à l'unanimité approuve ce bail.

M. le Chef de service fait connaître à l'assemblée que, dans un rapport adressé à son prédécesseur par M. le chargé du service des ponts et chaussées, celui-ci dénonçait la nécessité d'agrandir le cimetière des blancs. M. le Chef de service s'étant transporté sur les lieux, il y a quelques jours, a pu constater la justesse des observations de M. Fallofield. Le cimetière doit être agrandi sans retard. Il n'y reste plus de place pour enterrer. Des renseignements qu'il a recueillis, ajoute M. le Chef de service, il résulte que les propriétaires du côté Est sont disposés à vendre à l'Administration la maison et le terrain qui avoisinent le cimetière de ce côté. Il demande, par suite, à préviser un crédit de 3,000 fr. pour l'acquisition de ces terrains.

Le Conseil, à l'unanimité, est d'avis d'approuver le crédit demandé.

Art. 4. Frais de transport par terre et par eau.

Même prévision qu'en 1873.

Art. 5. Matériel des prisons

Même prévision qu'en 1873.

Art. 6. Secours, dotations, etc.

§ 1er. Pensions et Secours.

Cette prévision est supérieure de 677 fr. à celle de l'année dernière.

Cette augmentation provient de l'inscription, à ce titre, de la prestation en faveur de la famille de Louis-Bahou-Prégassin et de l'inscription de nouveaux pensionnaires précédemment domiciliés à Pondichéry, et actuellement à Karikal.

Le Conseil, après examen, approuve, à l'unanimité, la prévision portée à cet article, ainsi que les pensions et secours accordées aux personnes désignées au budget.

§ 2. Subventions et dotations aux cultes, à l'instruction publique, au bureau de bienfaisance.

M. Thétard observe que l'allocation de 8,000 fr. en faveur du Comité de bienfaisance n'est pas en harmonie avec les besoins de la localité ; ce chapitre a été fixé, il y a longues années. Depuis cette époque, les besoins dans les diverses classes de la population ont augmenté très-sensiblement, de sorte qu'aujourd'hui cette somme est insuffisante pour venir en aide aux infortunes qui existent réellement à Karikal.

Le Conseil, à l'unanimité, adopte la motion de M. Thétard et émet le vœu que le crédit en faveur du Comité soit augmenté de 2,000 fr.

§ 3. Subvention et allocations diverses, Primes.

Le Conseil local émet le vœu que, par l'installation de quelques réverbères, les principales rues de Karikal soient éclairées ; la circulation dans ces rues est tellement grande qu'il est à désirer que l'éclairage soit garanti dans une certaine mesure. Il remarque également qu'il y a lieu d'augmenter le nombre des charrettes affectées au nettoyage des rues. Il porte, par suite, à 3,000 fr. le crédit de 1,000 fr. prévisé au budget, en faveur du service municipal, pour les travaux de la voirie.

§ 4. *Dépenses diverses.*

Aucune observation.

Maison de santé et achat de médicaments.

M. Thétard fait observer que l'hôpital et la pharmacie se trouvent établis dans une maison indienne ; les chambres mal distribuées et peu aérées de cette maison sont occupées par le bureau du chef du service de santé et par la pharmacie et les malades se trouvent dans des corridors ouverts. Au prix de la location de cette maison qui est de 650 fr. par an, l'Administration trouvera certainement une autre présentant des conditions meilleures.

M. le Chef de service qui a visité récemment l'hôpital, approuve l'observation de M. Thétard, mais fait connaître que le bail de cette maison ne doit expirer qu'au 1er janvier 1877.

Le Conseil remarque que, dans sa session de 1872, il avait émis le vœu que la pharmacie de Karikal soit bien approvisionnée de médicaments. La pharmacie continuant toujours à ne pouvoir satisfaire toutes les demandes de médicaments qui lui sont faites, le Conseil estime qu'il y a lieu à renouveler ce vœu, qui intéresse l'état sanitaire du pays.

Art. 7. Dépenses éventuelles.

Même prévision qu'en 1873.

Récapitulation générale des dépenses obligatoires et facultatives, telles qu'elles ont été arrêtées par le Conseil.

1re Section : Dépenses obligatoires.

Chapitre 1er. Personnel........	7,481 f	
— 2. Matériel.........	5,754	
		13,235 f

2e Section : Dépenses facultatives.

Chapitre 1er. Personnel........	98,559	
— 2. Matériel.........	131,190	
		220,749
Total général...		242,984

M. le Président communique à l'assemblée quatre requêtes des mirasdars de la grande aldée, qui demandent le redressement du Pravadéanar, la consolidation des digues du Tirmoulrasenar et la construction de divers ponceaux.

Dépôt est fait de ces requêtes, pour être ultérieurement examinées.

La séance est levée à 11 heures et renvoyée au lundi 10 du courant, à 8 heures et demie du matin.

Signé : H. LIAUTAUD, GAUDART, LAFORGUE, THÉTARD, DE ROZARIO, GNANAPRÉGASSAPOULLÉ, DOURESSAMY, R. VASSOUDÉVANE et S. APPACOUTTY.

Pour copie conforme :

Le Secrétaire,

Signé F. GAUDART.

Vu. Le Président,

H. LIAUTAUD.

Séance du 10 novembre 1873.

Aujourd'hui, lundi, dix novembre mil huit cent soixante-treize, à huit heures et demie du matin, le Conseil local s'est réuni au lieu ordinaire de ses délibérations.

Etaient présents :

MM. Liautaud, Chef de service, président ; Gaudart, secrétaire ; Thétard, conseiller ; de Rozario, id. ; Gnanaprégassapoullé, id. ; Douressamiodéar, id. ; Vassoudevamodéliar.

M. le Président fait connaître que MM. les conseillers Laforgue et Appacouttimodéliar se sont excusés, pour cause de maladie, de ne pouvoir assister à la séance de ce jour.

Après lecture, le procès-verbal de la séance du 7 du courant est approuvé à l'unanimité.

M. le Chef de service soumet à l'avis du Conseil le budget du service municipal de la ville de Karikal.

Procédant à l'examen de ce document, le Conseil observe qu'il y a lieu d'inscrire dans le budget des recettes, au lieu de 970 fr. les 3,000 fr. demandés par le Conseil dans sa séance du 7 du courant, lors de l'examen par lui du chapitre II. *Dépenses facultatives*, article 6, subdivision 3.

Les recettes du budget du service municipal s'élèvent en conséquence, à 4,705 fr. 21 c. au lieu de 2,765 fr. 21 c. prévisés à ce budget. Ces recettes présentant ainsi pour 1874, une augmentation de 1,940 fr. en faveur du service municipal, le Conseil réitère le vœu qu'il a déjà exprimé dans sa séance du 7 du courant, au sujet de l'éclairage des principales rues de la ville et du nettoyage des rues. La ville Noire de Pondichéry elle-même se trouve, depuis l'année dernière, dotée du bienfait de l'éclairage. Karikal, la seconde ville de l'Inde française, sous le rapport du commerce, de ses revenus et de sa population, ne possède qu'un seul reverbère. La rue du Gouvernement, ainsi que celle du bazar forment une artère qui, à raison de l'importance des villes anglaises qui avoisinent Karikal, porte vers ces dernières villes, à toute heure de la nuit, des flots incessants de population, et cependant, pas un reverbère dans ces rues pour mettre cette population à l'abri du danger qu'elle court au milieu des voitures et des charrettes qui, passant pêle-mêle, avec les voyageurs, dans l'obscurité, constituent un danger toujours grand, danger qui, pendant quatre mois de l'année, devient imminent, à cause des fêtes de Nagour et de Vélanganni.

Ces considerations commandent, dans l'opinion du Conseil local, la nécessité absolue de faire éclairer les principales rues de Karikal.

M. le Président donne lecture de l'exposé des motifs relatif au fonds commun des trois maganoms de l'Etablissement de Karikal pour l'année 1874.

Fonds commun des trois maganoms de l'Etablissement de Karikal pour l'année 1874.

EXPOSÉ DES MOTIFS.

J'ai l'honneur de soumettre à votre examen et avis, confo

mément aux prescriptions de l'article 20 du décret constitutif du 13 juin 1872, le projet du budget du fonds commun des trois maganoins de l'Etablissement, qui se balance à la somme de... 5,765f 29c
et présente par sa comparaison avec le chiffre du budget de 1873........................... 7,075 00

Une différence en moins de.. 1,309 74

Cette différence s'explique ainsi :

RECETTES.

L'excédant des recettes sur les dépenses présumées jusqu'au 31 décembre, qui s'élevait l'année dernière à...................... 1,550f 00c
n'est cette année que de......... 500 00
              1,050 00

Le chiffre du produit de la vente du sel ne s'est élevé qu'à........ 2,908 52
tandis que, l'année dernière, il était de........................... 2,925 00
              16 48

Le montant du droit de traduction a aussi diminué; il était en 1873, de........................... 200 00
Cette année la prévision n'est que de........................... 196 41
différence en moins...   3 59

Le chiffre des droits revenant à la caisse du fonds commun, sur les amendes prononcées contre les propriétaires des animaux capturés et les frais de fourrière, est inférieur à celui de l'année dernière; il a été calculé sur la moyenne des recettes des seize mois écoulés depuis le mois d'avril 1872, jusqu'au 1er juillet 1873.
Année 1873 .... 2,400 00
— 1874............... 2,100 36
Différence en moins..   239 64

Total égal... 1,309 71

DÉPENSES.

Les principales dépenses sont relatives à certains travaux à faire en faveur de l'agriculture, conformément au plan de campagne ci-joint savoir : 3,608 80
A l'acquittement des salaires des gardiens des écluses construites sur les grands cours d'eau. 604 80
Aux frais de fourrières........ 1,020 00
Aux remises dues au préposé-trésorier 39 49
A l'abatage des chiens errants,... 200 00
Aux travaux imprévus......... 292 20
Total égal aux recettes.. ——————— 5,765 29

Budget du service municipal.
EXPOSÉ DES MOTIFS.

Relatif au projet des recettes et des dépenses du fonds municipal de la ville de Karikal pour l'exercice 1874.

Le budget des recettes et des dépenses du service municipal de la ville de Karikal pour l'exercice 1874, que j'ai l'honneur de soumettre à l'examen et à l'avis du Conseil local, conformément aux prescriptions de l'article 20 de l'arrêté du 13 juin 1872, se balance à la somme de.......... 2,765f 21c
et présente par sa comparaison avec le chiffre du budget de 1873...................... 2,294 54

Une différence en plus de...... 470 67

Cette différence provient du chiffre de la subvention accordée par le budget local, qui a dû être augmentée pour faire face aux nouvelles obligations imposées par l'arrêté du 18 juin 1873 sur la police des chiens.

RECETTES.

Les recettes ont toujours la même origine; elles proviennent d'abord de l'excédant de ressources de l'exercice antérieur; du tiers du 9e du produit de la vente du sel; du montant du tiers des amendes affecté à l'entretien des fourrières pour les animaux de Karikal, par l'arrêté du 27 décembre 1871; d'une subvention locale qui varie selon les exigences du service; enfin, du montant des recettes présumées à titre de frais de capture de chiens et de frais de fourrière suivant arrêté du 18 juin 1873. Cette dernière recette, qui s'élève à 25 fr. par an, est loin de couvrir les dépenses qui sont évaluées approximativement à la somme de 300 fr.

DÉPENSES.

Le budget dont il s'agit pourvoit aux dépenses de propreté de la ville, d'éclairage d'un reverbère ; à l'inhumation des cadavres des indigents, à l'entretien des fourrières pour les animaux, etc. La différence en plus qui existe entre le chiffre du budget de 1873, et celui des prévisions pour l'année 1874, a trait à la somme qui doit assurer le service des fourrières des chiens et le payement des primes pour leur destruction, soit 470 fr. 67 c. signalés ci-dessus.

Karikal, le 3 novembre 1873.

Le Chef de service,
Signé H. LIAUTAUD.

Cette lecture faite, le Conseil examine le projet de ce budget dont il approuve toutes les prévisions.

M. le Président soumet à l'examen du Conseil le projet des travaux à exécuter au compte du fonds commun des aldées dans les maganoms.

Ce projet ne donne lieu à aucune observation.

M. le Président communique à l'assemblée une pétition des tisserands de la grande aldée, qui demandent que des démarches soient faites auprès de l'autorité anglaise pour obtenir que les fils et les toiles d'Europe ne soient pas frappés d'un droit à la douane anglaise.

Dépôt est fait de cette pétition pour être ultérieurement examinée.

La séance est levée à 11 heures et renvoyée au lendemain à huit heures et demie.

Signé : H. LIAUTAUD, GAUDART, ED. THÉTARD, A. GNANAPREGASSEN, J. DOURESSAMY, R. VASSOUDEVANE et S. APPACOUTTY.

Pour copie conforme :
Le Secrétaire,
GAUDART

Vu : *Le Président*
H. LIAUTAUD.

Séance du 11 novembre 1873.

Aujourd'hui, mardi onze novembre mil huit cent soixante-treize, à huit heures et demie du matin.

Etaient présents :

MM. Liautaud, Chef de service, président ; Laforgue, vice-président ; Gaudart, secrétaire ; Thétard conseiller, de Rozario, id. ; Gnanaprégassapoullé, id. ; Douressamiodéar, id. ; Vassoudévamodélior, id.

M. le conseiller Appacouttimodéliar s'est excusé de ne pouvoir, pour cause de deuil, assister à la séance de ce jour.

Sur l'invitation de M. le Président, le secrétaire donne lecture du procès-verbal de la séance précédente. Ce procès-verbal est adopté, à l'unanimité, sans observations.

La parole est donnée à M. Laforgue, sur sa demande.

Ce conseiller présentant de nouvelles considérations à celles qu'il avait fait valoir dans le sein de ce Conseil, dans la session de 1872, lit le mémoire suivant :

Le Conseil local de Karikal s'est occupé, dans sa séance du 23 novembre 1872, de la question des salines ; mais il n'a eu à répondre qu'aux questions posées dans un rapport fait pas M. l'Ordonnateur. Le Conseil colonial, après avoir statué sur l'une de ces questions, celle de l'impôt foncier, a prié M. le Gouverneur de vouloir bien consulter le Ministre préalablement à tout vote, en présence des arguments de M. le Procureur général et de ceux de M. l'Ordonnateur contenus en son rapport.

Sans avoir besoin de m'appuyer sur les arguments que fait valoir M. Montclar, aux noms des propriétaires de salines de Pondichéry et de Karikal, dans sa pétition du 10 septembre dernier, présentée à notre Conseil et juger de leur mérite, je me bornerai et me borne à me référer et à maintenir le vœu émis pas notre Conseil local, dans sa séance du 23 novembre 1872, en ce qui concerne le fonds de 270,336 fr. 80 c. en dépôt à la caisse de réserve et des intérêts de ce fonds. Et si ce vœu, comme j'ose l'espérer, était favorablement accueilli par Son Excellence le Ministre, son adoption ne pourra que donner suffisante satisfaction aux propriétaires des salines, qui, en grand nombre, parmi les indigènes, sont nécessiteux.

Voici les dispositions sur lesquelles je m'étais fondé pour émettre ce vœu, car je crois qu'il serait utile de les mettre sous les yeux des membres du Conseil.

Article 3 de la convention du 13 mai 1818 entre le Gouvernement de Pondichéry et celui de Madras, ainsi conçu :

« Le Gouvernement de Madras s'engage à payer au Gouvernement français, comme une indemnité pour les propriétaires des salines, une somme de quatre mille pagodes à l'étoile par an, pendant la durée de la présente Charte de l'honorable Compagnie, si cette convention est ultérieurement notifiée. »

Passage de la proposition faite par M. le Gouverneur, le 23 février 1818, au Gouvernement anglais ainsi conçu :

« Le Gouvernement français stipulant d'une part, *pour les propriétaires des salines* dont il doit soutenir les intérêts et voulant, en même temps, donner au Gouvernement anglais une preuve de son désir sincère de conciliation, croit faire une proposition juste, raisonnable et modérée en demandant qu'il soit accordé *aux propriétaires des salines*, une somme annuelle de 4,000 pagodes, soit 33,000 francs, à compter du 17 janvier 1818 jusqu'au jour où la Charte de la Compagnie expirera. »

En présence de ces termes aussi clairs que précis, il est difficile de comprendre comment le Gouvernement a pu retenir, à divers titres, une portion de cette indemnité de 4,000 pagodes.

Contrairement à l'opinion émise par M. le Procureur général au Conseil colonial, dans sa séance du 18 décembre 1872, je suis fondé à croire que le Ministre a le droit de rapporter ou de modifier ses décisions ou celles de ses prédécesseurs, au cas où il s'apercevrait que, par suite des renseignements plus ou moins erronés fournis, qui auraient motivé ces décisions, il y existât de graves inconvénients ou préjudice évident, comme dans l'espèce. Au surplus, les Ministres ont usé de ce droit bien souvent et on pourrait, au besoin, en trouver la preuve dans les *Bulletins des actes administratifs* de la colonie.

La dépêche de Son Exc. le Ministre du 20 juin 1872 est venue encore consacrer ce droit méconnu toutefois par M. le Procureur général.

Le Ministre appréciera et décidera ce que de droit et de raison.

M. le Chef de service, en présence des développements si lucides données à ces questions tant par le Conseil local de Karikal que par le Conseil colonial dans leurs sessions de 1872 et en présence de la résolution prise par cette dernière assemblée, ne suppose pas que le Conseil local de Karikal soit disposé à examiner de nouveau l'affaire en ce qui concerne le fond ; il y a lieu, d'attendre la résolution définitive du Conseil colonial. M. le Chef de service consulte, néanmoins, à cet égard le Conseil local.

L'Assemblée, tout en reconnaissant la justesse des observations de M. Laforgue, est d'avis d'attendre la décision du Conseil colonial.

Sur sa demande, la parole est de nouveau donnée à M. Laforgue, qui lit le mémoire suivant :

Notre Conseil local a émis le vœu, dans sa séance du 26 novembre 1872, qu'un Mont-de-Piété soit créé à Karikal, à l'instar de celui de Pondichéry, M. le Gouverneur, dans la séance du Conseil colonial du 7 janvier dernier, s'est réservé de faire étudier ultérieurement cette question.

En attendant sa solution, il me semble qu'il serait utile de fixer la somme jusqu'à concurrence de laquelle les prêts pourraient être faits ainsi que le chiffre du capital d'exploitation, eu égard aux besoins et aux ressources de la localité. Laisser cette appréciation au Conseil colonial de Pondichéry ou à l'autorité supérieure, il en résulterait peut-être une véritable concurrence que l'État ferait aux commerçants et aux particuliers qui prêtent des fonds d'une manière légale et à l'abri de toute censure et dont les intérêts servent plus souvent à subvenir aux premiers besoins de la famille. Ce n'est qu'à l'occasion de prêts de petites sommes, autorisés sans titres jusqu'à concurrence de 150 fr. par l'article 1341 du Code civil, que des difficultés et des procès surgissent. J'émets donc le vœu que pour éviter de causer tout préjudice aux personnes peu aisées, le Mont-de-Piété ne soit à Karikal, autorisé qu'à faire des prêts, qui au maximum, s'élèveraient à 150 roupies soit 360 fr. et au minimum, à 3 roupies, soit 7 fr. 20 c. et qu'une somme de 25,000 fr. soit constituée pour le capital d'exploitation, quoique l'un des membres du Conseil colonial l'ait fixé à 50,000 fr.

Le capital de 25,000 fr. suffirait, je l'estime, aux besoins de la classe indigente, la création d'un Mont-de-piété ne pouvant avoir pour seul but que de secourir des personnes nécessiteuses.

M. le Chef de service rappelle que déjà le Conseil colonial a examiné ce vœu et en a abandonné la solution à l'Administration ; il ne peut que désirer une réponse favorable à ce vœu dont il reconnaît toute l'utilité pour l'Etablissement.

Le Conseil est unanime à reconnaître le bien fondé des considérations de M. Laforgue et les ratifie par son approbation.

M. Laforgue se retire, en s'excusant de ne pouvoir, pour cause d'indisposition, continuer à assister à la séance de ce jour.

M. le conseiller Gnanaprégassapoullé émet le vœu que les travaux de terrassement à faire en faveur de l'agriculture dans les trois maganoms, soient exécutés avec l'assistance des régisseurs et sous leur surveillance. Il affirme que les mirasdars sont disposés à prêter à ces derniers leur concours en fournissant des coulis.

M. Flouret, Receveur du Domaine et M. Fallofield, chargé du service des ponts et chaussées, sont introduits au Conseil avec voix consultative.

M. le Chef de service pense que la mise en exécution de la décision d'un de ses prédécesseurs en date du 19 août 1853, approuvée par M. le Gouverneur en Conseil d'administration, pourra donner satisfaction au vœu exprimé par M. Gnanaprégassapoullé. M. le Chef de service donne lecture de ce document, qui réglemente les attributions des services des contributions et des ponts et chaussées pour l'exécution des travaux relatifs à l'agriculture. Aux termes de l'article 2 de ce règlement, les travaux de terrassement prévus au plan de campagne seront exécutés à la tâche, sous la direction du service des ponts et chaussées, avec le concours et l'assistance des agents du Domaine, qui répartiront les travaux entre les mirasdars proportionnellement à la quantité de terres qu'ils possèdent et à l'importance des travaux. Aux termes de l'article suivant, les pannéals marcheront en corvée pour l'exécution de ces travaux sur la réquisition des régisseurs des Vattoms. Cette décision assurait ainsi l'exécution prompte et facile des travaux de terrassement. Depuis cette époque les régisseurs ont toujours prêté et prêtent leur assistance au service des ponts et chaussées pour l'exécution de ces travaux; mais le concours des mirasdars a complètement fait défaut ; ils ont, en effet, sous divers prétextes, toujours refusé d'envoyer leurs pannéals. En présence de ce mauvais vouloir de leur part, le service des ponts et chaussées était obligé de se procurer des coulis à Karikal et de les expédier sur les travaux dans les campagnes, de sorte qu'aujourd'hui cette décision de 1858 est tombée en désuétude ; mais si maintenant, comme l'affirme M. Gnanaprégassapoullé, les mirasdars, comprenant qu'ils sont aussi intéressés que le Domaine et le service des ponts et chaussées à la prompte et entière exécution des travaux, sont disposés à prêter leur concours en fournissant des coulis, M. le Chef de service ne voit aucun inconvénient à faire appliquer de nouveau les dispositions de la décision dont s'agit. Quant à l'exécution même de ces travaux, les régisseurs, qui remplissent déjà des services multiples, ne sauraient jamais en être chargés. Cette exécution ne doit appartenir qu'au service compétent.

M. le conseiller Gnanapragassapoullé demande si les mirasdars qui refuseraient, sous de faux prétextes de fournir leur contingent de pannéals, ne pourraient pas être placés sous le coup d'une pénalité.

M. le Chef de service répond que le règlement de 1858 prévoit une pénalité. Son article 13 dispose qu'en cas de retard ou de refus dans l'envoi des coulis, il y sera pourvu par l'Administration, comme s'il s'agissait des travaux classés au nombre des dépendances du domaine communal. Cette pénalité n'est peut-être pas un moyen de coërcition immédiat contre le mauvais vouloir des mirasdars, mais l'application des dispositions de ce règlement permettra à l'Administration locale, d'apprécier, dans la suite, le mode de contrainte le plus avantageux et à porter, en conséquence, des modifications à ce règlement.

M. le Receveur du Domaine consulté ne voit aucun inconvénient à tenter, de nouveau, l'application du règlement dont il s'agit.

Le Conseil, à l'unanimité, émet le vœu que le règlement du 19 août 1858 soit de nouveau mis en vigueur.

La séance est levée à 11 heures et renvoyée au lendemain.

Signé H. Liautaud, M. Laforgue, Ed. Thétard, Gaudart, de Rozario, Gnanapregassen, V. Douressamy et R. Vassoudévane.

Pour copie conforme:
Le Secrétaire,
Gaudart.

Vu: *Le Président,*
H. LIAUTAUD.

Séance du 12 novembre 1873.

Aujourd'hui, mercredi douze novembre mil huit cent soixante treize, à huit heures et demie du matin, le Conseil s'est réuni à l'hôtel du Chef de service.

Etaient présents:

MM. Liautaud, Chef de service, président; Gaudart, secrétaire; Thétard, conseiller; Gnanaprégassapoullé, idem; Douressamyodéar, idem; Vassoudevamodéliar, idem.

M. le Président fait connaître que M. le conseiller Laforgue, se trouvant malade, s'est excusé de ne pouvoir siéger au Conseil local jusqu'à sa complète guérison. Il fait connaître également que MM. les conseillers De Rozario et Appacouttimodéliar se sont aussi excusés de ne pouvoir assister à la séance de ce jour, pour cause d'empêchement.

Le secrétaire donne lecture du procès-verbal de la séance précédente.

Ce procès-verbal est adopté à l'unanimité et sans observations.

M. le Chef de service informe l'assemblée qu'il a reçu ce matin un télégramme de M. le Gouverneur l'invitant à soumettre, à l'avis du Conseil, les mesures prises par l'Administration pour arriver à l'assainissement de l'étang situé derrière l'Eglise de Notre-Dame-des-Anges. M. le Chef de service dit qu'en exécution du vœu exprimé par le Conseil local de Karikal, le 26 novembre 1872, et approuvé par le Conseil colonial, les tisserands, propriétaires de l'étang, ont été avertis qu'un délai expirant au 1er juillet 1873, leur était accordé pour curer leur étang, et l'entourer d'un parapet. Il rappelle que le Conseil local avait décidé qu'en cas où les tisserands n'entreprendraient pas les travaux, dans ce délai, l'Administration locale en référerait au chef-lieu. Il dit que les tisserands se sont toujours refusés à faire ces travaux. En présence de ce mauvais vouloir de leur part, il a été proposé par lui à M. le Gouverneur que l'assainissement de l'étang eût lieu par les soins du service des ponts et chaussées, sauf aux tisserands à rembourser tous les frais. M. le Chef de service ajoute que tous ces faits ont été déjà portés par lui à la connaissance du Conseil, dans sa séance du 3 du courant, mais seulement à titre de renseignements, sur la demande d'un membre de l'assemblée, qui s'enquérait de la suite donnée aux différents vœux émis par le Conseil local dans sa session de 1872 ; mais aujourd'hui, il importe de soumettre à l'appréciation du Conseil le mérite de ces mesures elles-mêmes et de demander son avis à cet égard.

Le Conseil considérant qu'un parapet de garde autour de cet étang situé au sein de la ville est de nécessité absolue et qu'il est également urgent de conjurer sans retard les émanations insalubres causées par cet étang, est d'avis, à l'unanimité, qu'il y a lieu d'approuver les mesures projetées, à cet égard, par l'Administration locale.

M. le Chef de service dépose sur le bureau une pétition qui a été adressée par le mirasdar Ayasastriar, qui se plaint des barrages établis sur le Noular, par les mirasdars anglais, et demande la construction d'un déversoir à la source de cette rivière.

M. Fallofield, chargé du service des ponts et chaussées entre en séance.

M. le Chef de service rappelle que le Conseil, dans sa séance du 7 du courant, avait prévisé au budget une somme de 4,000 francs pour la construction d'un bureau du port et avait invité M. Fallofield à faire un plan dans la limite de cette allocation.

M. Fallofield, sur l'autorisation de M. le Président, communique son plan à l'assemblée qui, après examen, l'approuve.

Examen des pétitions.

M. le Chef de service invite le Conseil à procéder à l'examen de toutes les pétitions reçues depuis le commencement de la session ; il rappelle que ces pétitions, après discussion, doivent, aux termes de l'article 23 du décret du 13 juin 1872, être transmises avec avis à M. le Gouverneur, pour être statuées par lui.

Le Conseil procède successivement à la discussion des pétitions.

Pétition n° 2.

Les mirasdars de l'aldée Vanjiour exposent que la majeure partie de cette aldée n'est pas cultivée, faute de moyens d'irrigation ; que ce serait un bienfait de la part de l'Administration, si elle pouvait créer un arrosement à l'aide d'un déversoir établi sur la rivière Pravadéanar, qui traverse cette aldée ; ils concluent, par suite, à la construction de ce déversoir, sauf à eux, à en rembourser la dépense à l'État, par annuité, dans le délai de dix ans. Cette requête soumise à l'avis de M. le Receveur du Domaine, il a été répondu par celui-ci qu'il ne pensait pas que le travail demandé pût être accordé pour le motif que, parmi les terres de cette aldée de la quantité de 140 vélys, quinze seulement sont cultivés en nelly et seize en menus grains ; que ces 31 vélys de terres cultivées n'acquittent que le modique impôt de 448 fr. et que tout le reste de cette aldée se compose d'étangs, de pâturages, de bas fonds, de marais, de plages, etc. Dans ces conditions et tant que l'impôt ne sera pas remanié de façon à imposer toutes les terres cultivées, M. le Receveur du Domaine estime que les mirasdars de Vanjiour doivent faire à leurs frais le travail dont s'agit.

M. le conseiller Gaudart observe que l'Administration doit toujours chercher à encourager l'agriculture, seule ressource de prospérité à Karikal. Les terres actuellement incultes dans l'aldée Vanjiour sont considérables ; elles sont de 113 vélys, de l'avis même du Domaine. Défalcation faite de la superficie de terrains occupés par les étangs et les plages, les terres susceptibles d'être converties en rizières peuvent s'élever au moins à 80 vélys. Si cette quantité considérable de 80 vélys était mise en valeur, et elle pourra l'être aisément, elle améliorerait considérablement la position des habitants de cette aldée qui sont dans la misère et qui ne cultivent qu'à grands efforts une minime portion seulement de leur aldée. Peu importe le quantum de l'impôt payé par eux, puisqu'ils n'obligent pas l'Administration à assurer l'irrigation complète de leurs terres, comme pourrait l'exiger tout propriétaire payant un impôt ; mais vu leur position malheureuse, ils prient seulement l'Administration de leur venir en aide, en leur créant un moyen d'irrigation pour leurs terres, sauf remboursement de la dépense par annuités. Cette dépense ne doit pas, juge M. Gaudart, excéder 5 ou 6,000 fr. ne s'agissant que d'un déversoir à établir sur une rivière qui traverse cette aldée. Ces terres pourront certainement, au bout de deux ou trois ans, rapporter annuellement, au moins 100 galons de nellys par vély et l'Administration rentrerait alors dans ses fonds.

M. le conseiller Thétard pense également que la vaste étendue de terres qui se trouve entre le Pravadéanar et Nagour sera productive si, au moyen d'une construction sur cette rivière, ses eaux pouvaient être élevées de manière à arroser ces terres.

M. le conseiller Gnanapragassapoullé, qui avait pris l'initiative d'une pareille proposition dans la session de 1872, estime qu'il y a lieu d'accueillir favorablement la demande des habitants de Vanjiour.

MM. Douressamyodéar et Vassoudévamodéliar sont également de cet avis.

M. le Président dit que l'Administration prend toujours le plus vif intérêt à tout ce qui concerne l'agriculture et se trouve disposée à lui prêter son concours et son assistance dans les limites du possible ; au cas particulier, il y a lieu de s'assurer si le déversoir demandé ne doit pas faire préjudice aux propriétaires supérieurs, comme aussi de s'enquérir de la dépense de cette construction et du mode de remboursement. Il estime donc qu'il y a lieu d'ajourner la solution de ces questions à la session ordinaire de l'année prochaine ; en attendant il prendra acte de l'accueil que fait le Conseil à la pétition des mirasdars de Vanjiour et si M. le Gouverneur est d'avis conforme, il fera étudier dans le courant de l'année toutes les questions que soulève cette pétition.

Cette proposition de M. le Chef de service est adoptée, à l'unanimité, par le Conseil.

Pétition n° 5.

Dévarambapoullé, mirasdar de Nallatour, demande, en premier lieu, la construction d'un pont sur la rivière Nandalar, pour permettre aux habitants de cette aldée de passer de l'autre côté de cette rivière, où ils possèdent également des terres à menus grains. La construction de ce pont, d'après la pétition, serait également avantageuse au commerce en facilitant la circulation des charrettes venant à Karikal de Mayabourom et de Coumbaconam, avec des chargements de riz. Ce pétitionnaire demande, en second lieu, l'exhaussement des digues d'entourage de l'aldée Nallatour, qui, ayant, du côté nord, la rivière Nandalar, du côté ouest, le canal Coudirécoutty, du côté sud, le canal de décharge d'Ayarpoullé et du côté est, le canal Coudirécoutty, se trouve inondée à la moindre crue d'une de ses rivières.

M. le chargé du service des ponts et chaussées consulté répond que la passerelle demandée est utile et même indispensable ; elle a été l'objet de demandes réitérées de sa part et de celles de ses collègues. L'exhaussement des digues d'entourage est également très-nécessaire, à son avis, pour mettre le village de Nallatour à l'abri des eaux.

M. Vassoudévamodéliar observe que, déjà le déversoir construit sur le Nandalar, à l'avantage de Nallatour, a donné lieu à des réclamations de la part des mirasdars inférieurs, qui se plaignent que, depuis la construction de ce barrage, ils manquent d'eau. Il y aurait à examiner si la passerelle demandée ne doit pas aggraver la position de ces mirasdars inférieurs, en portant une nouvelle entrave au cours des eaux.

M. le Président dit que le Conseil ne peut que laisser à l'Administration la faculté d'examiner cette pétition avec tout le soin qu'elle comporte, pour faire connaître le résultat de son étude au Conseil local, lors de sa prochaine session. Une des rives de la rivière Nandalar appartenant aux Anglais, M. le Chef de service, après avoir pris les ordres de M. le Gouverneur, provoquera même, s'il y a lieu, une entente entre l'Administration française et le Gouvernement anglais, qui voudra probablement contribuer à la construction de ce pont.

Cette proposition de M. le Président est acceptée à l'unanimité.

Pétition n° 4.

Les mirasdars de l'aldée Tengaré-Cotchéry prétendent que les tamariniers, appartenant à l'État, portent tort aux rizières qu'ils bordent, en projetant de l'ombrage sur ces terres; ils demandent par suite qu'on plante à la place de ces arbres, des cocotiers, qui, même en se développant, ne feraient aucun tort aux champs.

M. le Chef de service dit que, pour s'assurer du fait du préjudice signalé dans cette pétition, il avait nommé une Commission composée du béchecar du Domaine et d'un agent des ponts et chaussées. Cette Commission s'est transportée sur les lieux et les a vérifiés ; les tamariniers n'ont pas paru à la Commission, nuire aux cultures dont elle a constaté, au contraire, le bon état. Toutefois elle demande, afin de pouvoir mieux fixer son opinion, à revisiter les lieux, au moment de la récolte.

M. le Chef de service, après avoir pris l'avis du Conseil, donne lecture du rapport de cette Commission. Cette lecture faite, il demande à ajourner la solution de cette pétition, conformément aux conclusions de la Commission.

Le Conseil approuve cette proposition à l'unanimité.

Pétition n° 5.

Annoucannammalle, par sa pétition en date du 3 novembre courant, allègue que le secours accordé à Louis-Bahou-Prégassen était donné par le Gouvernement à ses trois fils Annassamimodéliar, Mouttoussamimodéliar et Daïianadamodéliar; que Mouttoussamimodéliar est mort en laissant 2 fils, Appassamimodéliar et Ayavoumodéliar et une fille, la pétitionnaire ; que la part dudit Mouttoussamimodéliar, au lieu d'être perçue par ses trois enfants, sans distinction de sexe, n'est touchée que par les fils, à l'exclusion de la pétitionnaire qui demande, par suite, que la part du secours dont s'agit, soit répartie en trois parts entre elle et ses deux frères. A cette pétition se trouve annexé un acte de notoriété tabellionné, passé le 18 août 1868, pour démontrer que Annoucannammalle est la fille légitime de Mouttoussamimodéliar.

M. le Chef de service dit qu'en 1868, cette femme a adressé une demande semblable à l'Administration de Karikal. Cette demande ayant été transmise au chef-lieu, M. le Gouverneur a décidé, par sa lettre du 3 octobre 1868, n° 226, qu'il n'y avait pas lieu de l'accueillir; attendu que les droits à succession des héritiers de Louis-Bahou-Prégassen avaient été réglés par une dépêche ministérielle et par deux jugements, et que, dans aucun de ces documents, il n'est question de la réclamante. M. le Chef de service estime que l'acte de notoriété produit pour établir la filiation et les droits d'Annoucannammalle à une part dans le secours touché par ses frères n'est pas un document probant, étant intervenu à l'insu de ces derniers et sans contradiction. Cette femme, à son avis, doit s'adresser au Tribunal compétent en homologation de cet acte de notoriété.

Cette proposition de M. le Président est acceptée par le Conseil, à l'unanimité.

Pétition n° 6.

Ananc̆arayer dit Douressamimodéliar, par sa pétition du 3 novembre courant, expose qu'il est l'arrière-petit-fils de Louis-Bahou-Prégassen et demande à ce titre, une part dans la prestation accordée par le Gouvernement au Divan, son bisaïeul.

M. le Chef de service dit que cette réclamation se trouve tranchée par une lettre récente de M. le Gouverneur, en date du 26 juillet dernier, n° 164. Le Chef de la colonie a décidé, en effet, que la revendication du réclamant n'avait pas sa raison d'être, par cela seul qu'il appartient à la 4ᵉ génération de Louis-Bahou-Prégassen, tandis que la dépêche ministérielle du 26 août 1854 dispose que le payement de la prestation accordée à la famille de cet ancien Divan doit s'arrêter à la 3ᵉ génération, déjà existante à cette époque, c'est-à-dire en août 1854.

M. le Chef de service dit que, suivant les termes de cette dépêche ministérielle, la part de l'allocation devenue vacante par le décès de la mère du réclamant, petite-fille du Divan, a été répartie entre les deux sœurs de la défunte au lieu d'être accordée à son fils.

Le Conseil est unanime à reconnaître qu'il y a lieu de rejeter cette pétition.

Pétition n° 7.

Par leur pétition du 3 novembre courant, les macouas de Karikal demandent une augmentation dans le tarif du batelage et l'exemption du service de la nuit au bureau du port.

M. le Président dit qu'ayant consulté M. le lieutenant de port sur les faits de cette pétition, ce fonctionnaire pense qu'en l'état actuel du commerce à Karikal, les droits du batelage ne doivent pas être augmentés en faveur des macouas dont la principale profession est la pêche et que ceux-ci ne peuvent pas être autorisés à ne pas coucher au bureau du port, en raison des cas de force majeure qui peuvent se présenter en mer.

Le Conseil, à l'unanimité, approuve les considérations de M. le lieutenant de port et est d'avis, en conséquence, qu'il y a lieu de rejeter cette pétition.

Pétition n° 15.

Ayasastriar, mirasdar de Soracoudy, se plaint des barrages établis par les mirasdars anglais sur la rivière Noular et il demande également un déversoir sur cette rivière, ses eaux, d'après lui, allant se perdre inutilement dans la mer.

M. le conseiller Gnanaprégassapoullé dit que l'établissement de ces barrages dans la rivière Noular, comme dans les autres rivières, est un fait constant contre lequel les misrasdars de Karikal ne cessent de réclamer à bon droit; ces barrages sont enlevés par les mirasdars anglais quand, à la suite de réclamations pressantes de notre Administration locale, le Collecteur en donne l'ordre; mais ils les replacent quelques temps après. Dans l'intérêt de l'agriculture, il importe que notre Administration arrive à une entente avec le Gouvernement anglais pour prendre une mesure définitive et certaine pouvant obvier pour toujours à cet état de choses.

M. le Chef de service répond qu'il fera donner au vœu exprimé par M. Gnanaprégassapoullé, la suite qu'il comporte, après avoir pris les ordres de M. le Gouverneur. Quand à la pétition d'Ayasastriar, M. le Chef de service fait connaître qu'à la suite d'une requête semblable présentée par les mirasdars de Tirnallar à M. le Gouverneur, le Collecteur anglais a été invité par le Chef de service de Karikal à faire enlever le barrage dénoncé.

Ce fonctionnaire anglais a répondu que des ordres venaient d'être donnés par lui pour l'enlèvement de ce barrage. Dans ces circonstances, il y a lieu d'attendre l'exécution de sa promesse. En ce qui concerne le second chef de la demande d'Ayasastriar; le Conseil, sur l'avis conforme du chargé du service des ponts et chaussées, en ajourne l'examen à l'année prochaine.

Vu l'heure avancée, la séance est renvoyée au lendemain.

Signé H. LIAUTAUD, GAUDART, THÉTARD, GNANAPRÉGASSIN, V. DOURESSAMY, ET R. VASSOUDÉVANE.

Pour copie conforme :
Le Secrétaire,
Signé GAUDART.

Vu : *Le Président*,
Signé H. LIAUTAUD.

Séance du 13 novembre 1873.

Aujourd'hui, jeudi treize novembre mil huit cent soixante-treize, à huit heures et demie du matin, le Conseil s'est réuni à l'hôtel du Chef de service.

Etaient présents :
MM. Liautaud, Chef de service, président; Gaudart, secrétaire; Thétard, conseiller; Gnanaprégassapoullé, id. ; Douressamiodéar, id.; Vassoudevamodéliar, id. ; Appacouttimodéliar, id.

MM. Laforgue et De Rozario n'assistent pas à la séance pour cause d'empêchement.

Le secrétaire donne lecture du procès-verbal de la séance précédente. Ce document est adopté à l'unanimité.

Le Conseil procède à l'examen des pétitions.

Pétition n° 8.

Cadersamarécar demande la concession de 4 vélys de terres incultes sises à Karikal du côté de la mer et appartenant à l'Etat.

M. le Président n'est pas d'avis d'accorder la concession demandée. En principe, il faut mettre, dit-il, aux enchères publiques ces sortes de terrains ; on évitera ainsi des mécontentements de la part d'autres mirasdars.

M. Appacouttimodéliar dit que les terres dont on demande la concession se trouvent enclavées dans des propriétés privées ; il ne conviendrait pas, dès lors, de prendre une mesure sans prévenir les intéressés.

Le Conseil, à l'unanimité, est d'avis qu'il y a lieu de rejeter cette pétition.

Pétition n° 14.

Les tisserands de la Grande-aldée se plaignent de la perception par les anglais, à la douane de Nagour, d'un droit de sortie sur les fils qui ont déjà acquitté le droit d'importation à la rade de Négapatam.

Le Conseil considérant qu'il s'agit d'un droit de sortie que les Anglais perçoivent légalement chez eux, est d'avis qu'il n'y a pas lieu de faire droit à cette pétition.

Sur sa demande, la parole est donnée à M. le conseiller Gnanaprégassapoullé, qui lit le mémoire suivant :

« Avant 1845, le Gouvernement anglais a perçu aux frontières du territoire de Karikal, un droit sur l'entrée des grains.

« Les arrêtés des 6 mars et 30 décembre 1845, ont apporté une modification sur le mode de la perception de ce droit.

« En effet, il a été entre les deux autorités convenu ce qui suit:

« Par une lettre en date du 21 février 1845, M. Davis, Collecteur de la division du sud d'Arcot, a fait connaître à M. le Gouverneur de Pondichéry, que le Gouvernement suprême de l'Inde consentait à assurer aux habitants des possessions françaises comprises dans les limites de la présidence du Fort Saint-Georges, la libre entrée sur le territoire français des grains destinés à la consommation, sous la condition que l'Administration française exigera sur ceux qui seraient exportés, le payement du droit de sortie.

« Cette proposition acceptée, M. le Gouverneur de Pondichéry a fait les arrêtés sus-relatés ; depuis lors la perception du droit sur l'exportation est opérée dans chaque possession française par les soins de ses agents et versée au Gouvernement anglais. A son tour, le Gouvernement anglais laissait entrer les grains, sans droit, sur le territoire français.

« Les marchands de notre territoire sont dans l'usage d'acheter des grains sur divers points du Nord du territoire anglais; les grains ainsi achetés, ils les ont transportés à Karikal, il y a quelques années, et par mer sur des bricks et autres bâtiments. Mougammadallimarécar était du nombre des marchands qui faisaient ce commerce. En 1861, son navire est arrivé à la rade de Karikal avec une cargaison de nelly et de riz; ces grains y ont été débarqués.

« L'assistant Collecteur de Négapatam à qui l'on aurait dénoncé ce fait comme une contrebande, a demandé, par une lettre adressée à M. le Chef de service de Karikal, le 18 février 1862, à lui envoyer une copie du manifeste délivré au port de Coringui ou de Masulipatam.

« M. le Chef de service, Textor, sans se prévaloir des arrêtés plus haut relatés, a fait connaître au Collecteur de Négapatam, que le débarquement des marchandises avait été effectué au port de Karikal à cause du mauvais temps; celui-ci, eu égard à l'observation de M. le Chef de service de Karikal, s'est contenté de percevoir seulement le droit, sans infliger aucune peine.

« Depuis lors, les commerçants qui font le chargement des grains sur divers points du Nord, sont obligés de déposer le droit, sauf remboursement après justification que ces grains ont été débarqués à un port anglais.

« La distinction que fait l'autorité anglaise entre l'importation par terre et celle par mer est inconcevable; car, la lettre de M. le Collecteur ne fait aucune distinction ; elle est conçue dans les termes clairs et non équivoques que le Gouvernement anglais consentait la libre entrée sur le territoire français des grains destinés pour la consommation des habitants français, sauf la perception de droit sur l'exportation.

« Or le Gouvernement anglais a tort d'imposer un droit sur les marchandises que les commerçants chargent à divers ports anglais en destination à un pays français.

« En conséquence, le conseiller Gnanaprégassapoullé émet le vœu que le Gouvernement français obtienne du Gouvernement anglais, la libre entrée des grains dans les possessions françaises, soit qu'ils viennent par terre ou par mer, sauf la perception de droit sur l'exportation. »

Le Conseil renouvelle le vœu qu'il a déjà exprimé à ce sujet dans sa séance du 23 novembre 1872.

Sur sa demande, la parole est donnée à M. Thétard qui lit le mémoire suivant :

« En plusieurs occasions déjà, la question du péage des voitures de toutes catégories entrant sur notre territoire a été agitée; mais aucune solution ne lui a été donnée. Cependant quels que soient les motifs qui ont pu faire abandonner ce projet, je crois devoir y revenir et émettre le vœu que cette question reçoive votre attention, car elle est d'une ressource telle que son rapport peut nous donner un fonds qui nous permettra de porter des améliorations sensibles sur les routes.

« L'année dernière, j'eus déjà le désir d'exposer cette question pendant la session du Conseil local ; mais le manque de documents nécessaires a été le seul objet de mon abstention alors. Depuis, en diverses occasions, aux époques des grandes fêtes indiennes qui eurent lieu en dehors de notre territoire, j'ai cru devoir prendre note des charrettes entrant sur notre territoire pendant la durée de ces fêtes et voici les résultats obtenus :

1° Durant la fête de Velancanny, soit du 28 août au 8 septembre 1873 (en tout dix jours) le chiffre des charrettes de tous genres entrant sur notre territoire a été de 6,000 charrettes, soit une moyenne par jour de 600 charrettes ;

« 2° Durant la fête de Nagour qui prit place cette année en août avant la fête de Velancanny et qui est celle qui attire le plus de natifs par terre entrant et repassant sur notre territoire, le chiffre de charrettes traversant notre territoire a été de 600 en moyenne par jour, soit 9,000 charrettes durant la période de 15 jours ;

« 3° La grande fête de Coumbaconam, en l'année dernière, dura 15 jours ; 4,995 charrettes venant de cette localité, ont franchi notre territoire par Nédouncadou, soit une moyenne de 333 charrettes par jour ;

« 4° La fête de Sidambarom attirant une population nombreuse allant et repassant sur notre territoire a donné le chiffre de 2,000 charrettes entrant sur notre territoire par Pouvom (cette fête eut lieu en mars dernier et dura 5 jours), soit donc une moyenne de 400 charrettes par jour. Cette fête attire des étrangers venant même de Jafna ;

« 5° La fête de Mayavarom ayant actuellement lieu ce mois, attire une masse de natifs qui traversent notre territoire et qui se chiffrent par une moyenne de 250 charrettes par jour allant et venant de cette localité par Pouvom et Nédouncadou (en total pour 4 jours, 1,000 charrettes);

« 6° La fête importante de Trivalore, ayant eu lieu en mars dernier, dura 8 jours et donna une moyenne de 285 charrettes par jour entrant sur notre territoire à Pouvom (soit 2,280 charrettes durant cette période) ;

« 7° Quant aux jours ordinaires de l'année, une moyenne de 15 jours prise à Vanjiour dans la saison morte a donné le chiffre de 123 charrettes de tous genres entrant chaque jour sur notre territoire. C'est là l'entrée de notre route principale de Négapatam à Tranquebar. Quant à la moyenne par jour des charrettes entrant sur notre territoire et venant de la direction de Tranquebar, le chiffre trouvé a été inférieur à celui de Vanjiour. Cette moyenne est de 63 charrettes par jour (pour une observation de 10 jours) soit donc 186 charrettes entrant sur notre territoire par jour, par Pouvom et Vanjiour.

« Si nous récapitulons l'ensemble de ces données, nous obtiendrons le chiffre approximatif du nombre total des charrettes qui sont entrées sur notre territoire et qu'à l'exemple de nos voisins (supposant le péage établi) nous aurait donné un chiffre en roupies très-favorable, soit ce chiffre de roupies et ce chiffre de charrettes aux époques énoncées :

Durant les fêtes de :
Vélancanny....(10 jours) 6,000 charrettes à 2 annas l'une.
Nagour........(15 jours) 9,000 dito.   dito.
Coumbaconom..(15 jours) 4,995 dito.   dito.
Sidambaron....(5 jours) 2,000 dito.   dito.
Trivalore.....(8 jours) 2,280 dito.   dito.
Mayavaron....(4 jours) 1,000 dito.   dito.

Total des jours de
  fête.......... 57 jours 25,275 charrettes.
Total des jours or-
  dinaires......303 jours 56,358 charrettes.
Soit pour l'année
  de......... 360 jours : 81,633 charrettes à 2 annas l'une,

$$\frac{(81,633 \times 2)}{16} = 10,204 \text{ roupies.}$$

Cette somme qui ne se précise qu'approximativement se trouvera toute trouvée, sans préjudice pour personne et nous servira à améliorer nos routes qui en ont un si grand besoin.

M. Gaudart dit que le droit de péage, tel qu'il est demandé par M. Thétard, c'est-à-dire seulement pour les charrettes et voitures entrant du territoire anglais chez nous, semble *a priori* n'être pas un grand moyen de recettes pour l'Etablissement ; qu'il paraît même préjudiciable aux intérêts de la population de Karikal. Mais, si on se rendait compte de la position topographique exceptionnelle de Karikal, situé au milieu de deux grandes villes anglaises, si on consultait le chiffre des voitures qui franchissent journellement notre territoire, on ne tarderait pas à convenir que ce vœu est parfaitement réalisable et parfaitement fondé. En effet, Tranquebar est le siège de plusieurs tribunaux, notamment de la Haute Cour civile et criminelle. Parmi les talouks dépendant de la juridiction de cette Cour, ceux qui se trouvent au Sud de Karikal sont Négapatam contenant 250 villages, avec une population de 200,124 âmes, et Tirouttarapoundi contenant 130 villages avec une population, de 154,873 âmes. Parmi cette nombreuse population, ceux qui ont des affaires devant les tribunaux de Tranquebar sont obligés pour s'y rendre de traverser Karikal pour y repasser quelques jours après ; la plupart d'entre eux ne voyagent qu'en charrettes ou en voitures.

De l'autre part, Négapatam, qui se trouve au Sud de Karikal, y attire également du monde par ses opérations commerciales, sa banque et son chemin de fer ; les Indiens de Tranqueber, de Poréar, de Shially et des aldées environantes sont naturellement obligés de traverser Karikal pour se rendre à Négapatam et à Tanjour, siège du 1er Collecteur de tout le district. De l'avis de M. Gaudart ce mouvement continuel et journalier de véhicules traversant Karikal est un fait indiscutable ; ce mouvement devient encore plus incessant et plus considérable à plusieurs époques de l'année, pendant les fêtes de Nagour, de Vélancanny, de Sidambaron, etc.

Le péage demandé aggravera-t-il les charges de la population de Karikal. M. Gaudart ne le pense pas ; car l'intention de M. Thétard n'est pas de faire imposer les charrettes et les voitures qui circulent dans la ville et dans le territoire. Quant aux habitants de Karikal allant tous les jours en voitures à Tranquebar ou à Négapatam, ils sont peu nombreux. Ainsi leurs charges sont légères et ils retireront de cette mesure un grand profit, parce qu'ils auront l'ayantage de circuler sur une bonne route pour se rendre aux principales aldées de Karikal qui se trouvent reliées par cette même route ; ce profit pourra devenir encore plus grand dans la suite, car cette route réparée complètement, l'excédant des recettes annuelles, défalcation faite des dépenses d'entretien, pourra être employé à d'autres besoins de la ville, par exemple servir, au bout de quelques années, à un capital pour le mont-de-piété, dont la création est demandée par le Conseil local. En dernier lieu, M. Gaudart ne voit aucun inconvénient à ce que cette mesure soit essayée cette année sauf à l'abandonner si la recette n'était pas favorable, mais sauf aussi à l'étendre, dans le cas contraire, à la route aboutissant au territoire anglais du côté ouest de Karikal, après avoir, bien entendu, amélioré cette route dans une certaine mesure.

M. le Chef de service répond que l'Administration s'était déjà occupée de cette question et qu'elle l'a abandonnée, parce que la mesure proposée lui a paru de nature à faire du tort aux habitants de Karikal, sans leur être d'une grande utilité; il dit que, dans la prévision que l'on agiterait cette question au Conseil, il avait fait placer un agent à la frontière de Karikal du côté de Nagour; le résultat est que, pendant huit jours, il est entré à Karikal, 214 voitures à ressort et 488 charrettes, ce qui fait en moyenne 87 véhicules par jour de ce côté de la frontière. D'après les renseignements qu'il a pris, l'entrée des charrettes et des voitures du côté de Tranquebar peut aussi s'élever à ce nombre en temps ordinaire. Déjà à ce taux on obtiendrait une recette assez considérable. Il serait heureux si l'Etablissement pouvait se créer ainsi une ressource qui pût le mettre à même d'améliorer ses routes.

MM. Douressamiodéar et Vassoudévamodéliar supposent que l'Administration a probablement envisagé le péage sous une autre forme; car ce droit tel qu'il est demandé aujourd'hui ne saurait préjudicier aux intérêts des habitants de Karikal.

M. Appacouttimodéliar pense que la population croira à un impôt nouveau.

M. le conseiller Gnanaprégassapoullé dit que, si les habitants de Karikal croient ainsi, ils ne tarderont pas à s'apercevoir de leur erreur par la pratique même de la mesure demandée. — En présence du mauvais état des routes, il devient indispensable de se créer une ressource; celle indiquée par M. Thétard en est certainement une.

La question mise aux voix, le Conseil, à l'unanimité, moins une voix, adopte la motion proposée par M. Thétard comme étant d'une indispensable nécessité pour arriver à l'amélioration des routes.

M. le Président dépose sur le bureau 1° une requête des mirasdars de Nédouncadou, qui se plaignent des barrages établis par les mirasadars anglais, sur le canal Servévaïkal ; 2° deux pétitions des souraires de l'Etablissement, tendant à obtenir que les patentes de callou ne soient pas mises en adjudication.

Vu l'heure avancée, la séance est renvoyée au lendemain.

Signé : H. Liautaud, Gaudart, Ed. Thétard, de Rozario, A. Gnanaprégassin, V. Douressamy, R. Vassoudévane et Appacoutty.

Pour copie conforme :

Le Secrétaire,

Gaudart.

Vu : *Le Président,*

H. Liautaud.

Séance du 14 novembre 1873.

Aujourd'hui, vendredi, quatorze novembre mil huit cent soixante-treize, à huit heures et demie du matin, le Conseil s'est réuni à l'hôtel du Chef de service.

Etaient présents :

MM. Liautaud, Chef de service, président ; Gaudart, secrétaire ; Thétard, conseiller ; De Rozario, idem ; Gnanaprégassapoullé, idem ; Douressamyodéar, idem ; Vassoudevamodéliar, idem ; Appacouttimodéliar, idem.

M. Laforgue n'assiste pas à la séance, pour cause de maladie. Sur l'invitation de M. le Président, le secrétaire donne lecture du procès-verbal de la séance précédente.

Ce procès-verbal est adopté à l'unanimité.

M. le Président donne la parole à M. Appacouttymodéliar, sur sa demande. Ce conseiller fait observer qu'à son avis, le péage proposé par M. Thétard et accueilli par le Conseil, à la dernière séance, est une nouvelle charge imposée aux charretiers et une mesure portant atteinte au commerce. Les charretiers, dit-il, ne sont pas dans l'aisance, ce sont des malheureux journaliers n'ayant d'autres ressources que les loyers de leurs charrettes. Leur position déjà si gênante ne doit pas être aggravée ; aussi la population de Karikal est vivement émue de la proposition faite hier au Conseil. Ce sont ces considérations qui l'ont poussé à ne pas voter en faveur de cette proposition ; ce sont, sans doute, ces mêmes considérations qui ont déterminé l'Administration plus d'une fois à la repousser.

Sur sa demande, la parole est donnée à M. De Rozario ; ce conseiller s'exprime ainsi :

Je ne trouve pas sérieuses les objections de M. le conseiller Appacouttymodéliar, et je les combats de toute mon énergie. Il ne veut pas, dit-il, aggraver la position malheureuse des charretiers. Mais en quoi cette position sera-t-elle aggravée par la taxe municipale proposée par M. le conseiller Thétard. Les charrettes sont louées par les voyageurs ou pour le transport de marchandises telles que denrées, etc. Qui payera le droit d'entrée? Sera-ce le charretier ? Non évidemment. Ce sera le voyageur, ce sera l'expéditeur des marchandises ou le destinataire. Celui qui voyage par voiture ou charrette est d'ordinaire une personne plus ou moins aisée pouvant certainement payer un fanon de plus. Il en est de même pour les marchands.

Le commerce souffrira, dit le préopinant, de la mesure proposée, si elle était adoptée. Mais en quoi et comment donc ?

Le but que se propose le Conseil est de se créer des ressources pour le bien-être du pays. Ces ressources obtenues, et elles seront considérables, pourront être spécialement affectées pour l'empierrement, l'amélioration de nos routes, pour l'éclairage de nos rues ; le restant pourra même servir à nous créer un fonds pour le Mont-de-piété, institution si utile pour les nécessiteux. Une fois, nos routes renforcées de manière à rendre faciles et rapides la circulation des voitures et charrettes et le transport des marchandises, circulation et transport qui se font aujourd'hui, tout le monde le sait, d'une façon si pénible, surtout lors des grandes pluies ; vu l'état déplorable où se trouvent actuellement ces routes, le commerce n'aura qu'à y gagner. Les marchands aimeront mieux payer un fanon de plus par charrette et avoir de bonnes routes que de voir leurs marchandises arrêtées par des chemins boueux et abîmés par les pluies. Une pareille taxe a été imposée chez nos voisins. Quel préjudice a-t-elle apporté à leur commerce ? Aucun.

La population, dit Appacouttimodéliar, repousse l'idée d'une pareille taxe. Je ne sache pas qu'il en soit ainsi. Je crois cependant avoir autant de rapports avec la population que M. Appacouttimodéliar, en raison de mes fonctions de conseil agréé, et j'affirme le contraire. J'ai ici quatre de mes confrères qui, certainement avant de voter, ont dû étudier l'esprit de la population quant à ce. Non, il n'est pas vrai de dire que la population soit émue à l'idée de la taxe municipale proposée. Elle connaît ses intérêts, elle voit nos routes abîmées par le roulement continu des nombreuses voitures et charrettes qui nous arrivent de l'étranger; elle ne demande pas mieux que de voir ses routes réparées, entretenues convenablement, à l'aide d'une petite taxe municipale. Et cela est si vrai que l'an dernier, l'élite de la population, consultée, à ce sujet par M. Hecquet père, a été parfaitement de l'avis de demander l'imposition de cette taxe; bien plus, elle demandait, à l'instar de ce qui se fait chez les Anglais, que les voitures et les charrettes se trouvant à Karikal et dans ses maganoms payassent tant par an ; j'en appelle à MM. les conseillers Thétard et Gnanaprégassapoullé.

M. Appacouttimodéliar observe que le péage proposé par le Conseil est aussi exorbitant que l'impôt même tel qu'il est établi chez les Anglais, puisque les charrettes de Karikal auront à payer un double droit dans l'espace peut-être de quelques heures et à leur sortie du territoire français et à leur rentrée sur ce même territoire.

M. le Président fait observer que M. Appacouttimodéliar n'a pas saisi la question; il n'est pas dans l'intention du Conseil d'établir un double droit.

Le Conseil, à l'unanimité des voix moins une, maintient de plus fort le vote qu'il a émis hier sur cette question.

Le Conseil procède à l'examen des pétitions.

M. Fallofield, chargé du service des ponts et chaussées, entre en séance avec voix consultative.

Pétition no 10.

Remalingapoullé et Mourougapoullé mirasdars de Kijéour demandent le redressement de la rivière Pravadéanar.

M. le Président fait connaître que le service du Domaine, consulté à cet égard, reconnaît l'utilité de ce travail.

M. Fallofield déclare que le redressement de cette rivière sera avantageux, non seulement aux cultures, mais encore à la route et au pont. La pression des eaux qui s'y portent est telle que ce pont finira peut-être par céder. L'estimation de ce travail comporte 4,800 mètres cubes de terres en déblai dont le coût serait de 528 francs.

Le Conseil, à l'unanimité, est d'avis qu'il y a lieu d'appeler la bienveillante attention de M. le Gouverneur sur le travail demandé.

Pétition n° 11.

Ramalingapoullé et Mourougapoullé, mirasdars de l'aldée Kijéour, demandent la reconstruction du ponceau qui existait sur la rive droite de la rivière Tirmoulrasenar, à côté du déversoir de Manamoutty.

M. Fallofield pense que ce ponceau est d'une nécessité presque absolue. A la suite d'une convention intervenue entre le Gouvernement et les mirasdars intéressés, le déversoir et le ponceau ont été construits; mais ce dernier, qui comportait un débouché d'une seule arche de quatre mètres d'ouverture, s'est écroulé trois jours après sa construction. Il y aurait lieu de le reconstruire à 2 arches de 2 mètres 50 centimètres d'ouverture chacune, l'estimation en serait de 2,000 francs.

Le Conseil, à l'unanimité, estime que les mirasdars intéressés doivent contribuer à ce travail dans la proportion convenue entre eux et l'Administration, lors de la construction du déversoir de Manamoutty.

Sous bénéfice de ces réserves, le Conseil est d'avis qu'il y a lieu de proposer le travail demandé.

Pétition n° 12.

Ramalingapoullé et Mourougapoullé, mirasdars de Kijéour, demandent le piquetage des bords de la rivière Tirmoulrasenar, à l'endroit de la concession de Mariamin à Kijéour.

M. Fallofield fait connaître que les travaux de terrassement à exécuter sur ce point, sur une longueur de 50 mètres, ont été prévus au plan de campagne et approuvés par le Conseil local. Il serait nécessaire d'y exécuter aussi des travaux de piquetage dont le coût peut être évalué à 350 francs.

Le Conseil est d'avis qu'il y a lieu de faire droit à la pétition dont s'agit.

Pétition n° 13.

Ramalingapoullé et Mourougapoullé, mirasdars de l'aldée Kijéour, demandent la construction de deux ponceaux sur les canaux d'irrigation de cette aldée aux chemins conduisant, l'un au quartier des tisserands et l'autre à celui des bergers.

M. Fallofield reconnaît l'utilité des travaux. L'un des deux ponceaux, celui sur le chemin conduisant au quartier des tisserands a été déjà proposé par les habitants de l'endroit; l'exécution en a été ajournée par suite de travaux jugés plus urgents. A son avis, on pourrait comprendre la construction de ces deux ponceaux au plan de campagne de 1875. Le ponceau conduisant à la rue des tisserands coûterait 550 fr., et celui conduisant au quartier des bergers, 480 fr.

Le Conseil, à l'unanimité, reconnaît l'utilité des constructions demandées, mais le plan de campagne étant arrêté, est d'avis d'en ajourner l'exécution à l'année prochaine.

Pétition n° 17.

Teïvanaïker, Semboulinganadane, Sinnianaïk et Virapatranaïk, souraires, demeurant à Karikal, demandent à ce que l'arrêté du 19 juin 1872 prescrivant la mise en adjudication des patentes pour la vente du callou, soit rapporté.

M. le Chef de service dit que ces licences mises aux enchères, les pétitionnaires se sont rendus adjudicataires et que leur soumission n'expire qu'au 31 décembre 1875. En droit, leur réclamation n'est donc point fondée. Elle ne l'est pas davantage en équité. Car il est certain que la concurrence a été libre et que les pétitionnaires n'ont subi aucune pression. Quant au mode même de placement des licences, tel qu'il est réglé par arrêté de M. le Gouverneur du 19 juin 1872, il a été aussi favorable que possible aux recettes locales. Ce droit qui était anciennement de 2,400 francs, figure au projet de budget des recettes de 1874, pour la somme de 3,400 francs.

MM. les conseillers De Rozario et Thétard affirment que la mise en adjudication des patentes a tué l'industrie des souraires dont plusieurs ont déjà quitté Karikal pour des pays étrangers. Il est également à leur connaissance que les pétitionnaires, adjudicataires des patentes, éprouvent de grandes pertes. A leur avis, il est juste de faire droit à la pétition qu'ils recommandent à la bienveillance de l'Administration.

MM. les conseillers Gnanaprégassapoullé, Douressamiodéar, Vassoudévamodéliar, Appacouttimodéliar et Gaudart émettent le vœu que l'arrêté du 19 juin 1872 soit rapporté seulement à partir de l'expiration de la soumission actuelle, qui est un marché devant lier les parties contractantes.

M. le Président dépose sur le bureau les pétitions suivantes :

1º Le mirasdar Tirouménimodéliar demande la réparation de divers ponceaux et déversoirs et l'exécution de certains travaux de terrassement pour favoriser l'irrigation de ses terres ;

2º Les mirasdars de Nédouncadou se plaignent des barrages établis sur le Nattarvaïkal par les mirasdars anglais ;

3º Les mirasdars de Cotchéry demandent que l'arrêté sur la fourrière soit modifié, en ce qui concerne le payement d'amendes ;

4º Les jeunes gens de Karikal demandent que le concours pour l'obtention des places d'interprètes ou autre soit ouvert à Karikal quand il s'agira de pourvoir aux vacances existant dans cet Etablissement.

Sur sa demande la parole est donnée à M. Douressamiodéar. Ce conseiller renouvelle le vœu émis par le Conseil local le 19 novembre 1872, au sujet de la construction d'un palais de justice. En attendant l'exécution de ce projet, il se demande si l'Administration ne pourrait pas louer un local présentant des conditions meilleures que celui où siège actuellement le tribunal de première instance. Le local actuel, en effet, n'est pas assez vaste ; le nombre de ses chambres, d'ailleurs mal distribuées, est fort restreint ; la salle d'audience n'est ni aérée, ni spacieuse, et la collection de Dalloz dont ce tribunal vient d'être dotée se trouve, faute d'appartement, placée dans les archives.

Le Conseil reconnaît la justesse des observations qui précèdent :

M. le Chef de service répond que l'Administration se

propose de faire construire un palais de justice quand le permettra la situation budgétaire, après avoir pourvu à des intérêts plus urgents de l'Etablissement. Quant au changement du local, M. le Chef de service n'y voit aucun inconvénient, le bail de la maison où siége actuellement le tribunal pouvant être résilié après un congé de deux mois; il s'empressera donc de faire droit à la demande du Conseil aussitôt qu'il trouvera un local offrant les avantages voulus pour sa destination et après avoir pris les ordres de M. le Gouverneur.

M. Douressamiodéar lit le mémoire suivant :

« Messieurs, voici quelques réflexions que je soumets à votre appréciation :

« Les huissiers porteurs de contraintes sont chargés d'ordinaire, du recouvrement des sommes qui sont la plupart du temps bien minimes ; loin de moi, l'idée de chercher à diminuer le coût des actes qu'ils signifient ; mais les frais de transport qui leur sont accordés sur le même pied que les huissiers des tribunaux s'élèvent, bien des fois, à des sommes beaucoup plus fortes que celles dont ils poursuivent le recouvrement ; c'est là un fait constant ; l'expérience nous l'a démontré ; pour obvier à de pareils inconvénients et pour concilier les intérêts de tous, je crois qu'il est de toute utilité de créer encore deux places d'huissiers porteurs de contraintes, de manière que chaque cacherie des béchecars des maganoms puisse être dotée, comme dans les districts de Pondichéry, d'un huissier qui instrumentera dans les aldées qui dépendent de sa circonscription ; par là, non seulement nous éviterons des lenteurs dans l'exécution des actes, nous épargnerons encore aux justiciables les frais de transport qui pèsent sur eux ; je suis d'avis de faire augmenter le nombre d'huissiers porteurs de contraintes, dans les conditions ci-dessus exprimées. »

Le Conseil adopte cette motion.

M. le Président ne peut émettre aucune opinion à ce sujet ; récemment arrivé dans cet Etablissement, il n'a pu encore étudier la législation locale en cette matière.

M. Douressamiodéar renouvelle le vœu émis par le Conseil local le 15 novembre 1872, au sujet de l'augmentation de la solde des régisseurs faiblement rétribués, relativement aux services qu'ils rendent dans les aldées.

M. le Chef de service informe le Conseil que l'Administration du chef-lieu s'occupe actuellement d'une organisation nouvelle devant améliorer le sort des employés subalternes de tous les services et qu'il y a lieu, en conséquence d'attendre le résultat de ce travail.

Vu l'heure avancée, la séance est levée et renvoyée au lendemain à 9 heures du matin.

Signé : H. LIAUTAUD, GAUDART, ED. THÉTARD, A. GNANAPREGASSEN, DOURESSAMY, R. VASSOUDEVANE et S. APPACOUTTY.

Pour copie conforme :
Le Secrétaire,
GAUDART.

Vu : Le Président,
H. LIAUTAUD.

Séance du 15 novembre 1873.

Aujourd'hui samedi, quinze novembre mil huit cent soixante treize, à neuf heures du matin, le Conseil s'est réuni à l'hôtel du Chef de service.

Etaient présents :

MM. Liautaud, Chef de service, président; Gaudart, secrétaire; Thétard, conseiller; De Rozario, idem; Gnanaprégassapoullé, idem; Douréssamyodéar, idem ; Vassoudévamodéliar, idem; Appacouttimodéliar, idem.

M. Laforgue n'assiste pas à la séance, pour cause d'empêchement.

Le secrétaire donne lecture du procès-verbal de la séance précédente; ce procès-verbal est adopté à l'unanimité.

M. le Président dépose sur le bureau les pétitions suivantes :

1° Les habitants de Karikal demandent à faire augmenter le nombre des huissiers de l'Etablissement et à faire réprimer les abus qu'ils commettraient dans la perception de leurs droits;

2° Le mirasdar Mougammadousultane, marécar, sollicite le redressement de la rivière Vanjiar;

3° Les commerçants de l'Etablissement se plaignent du mauvais état des routes et demandent la création d'un droit de péage dont ils proposent d'affecter le produit à l'entretien des routes.

Le Conseil procède à l'examen des pétitions.

Pétition n° 9.

Divianadapoullé, mirasdar de Nallatour, demande 1° la fortification de toute la digue droite de la rivière Nandalar ; 2° un pont sur cette rivière à Nallatour ; 3° l'exécution des travaux en faveur de l'agriculture par les soins du service du Domaine, à l'aide du fonds commun, augmenté du 9e du prix actuel du sel ; 4° la suppression de la prime pour la capture des animaux dans les campagnes ; 5° l'exhaussement de la route de Nédouncadou ; 6° l'abatage dans les aldées seulement des chiens enragés ; et 7° l'emploi de tous les revenus de Karikal aux besoins exclusifs de l'Établissement.

Sur le premier chef de cette pétition :

M. le Chef de service informe le Conseil que des renseignements qu'il a pris, il résulte que le renforcement de toute la rive droite de la rivière Nandalar est un travail certainement utile, mais très-dispendieux, ne pouvant être exécuté sur un seul exercice.

Le Conseil, à l'unanimité, est d'avis qu'il y a lieu de faire droit à cette partie de la pétition en échelonnant la dépense par exercice.

Sur le 2e chef de la pétition :

Le Conseil remarque que l'utilité du pont a été déjà reconnue par lui, dans sa séance du 12 du courant, mais qu'une des rives de cette rivière appartenant aux Anglais, il avait émis le vœu que l'Administration de Karikal fit des démarches auprès du Gouvernement anglais pour faire ce travail en commun.

En ce qui concerne le 3e chef de la pétition :

Le Conseil appelle l'attention du Gouvernement sur les observations que fait le pétitionnaire relativement à l'allocation du prix du sel, en faveur du fonds commun des aldées.

Sur le 4° chef de la pétition :

M. le Chef de service rappelle les dispositions de l'arrêté du 27 décembre 1872 ; aux termes de l'article 3 de cette décision, dans la ville de Karikal, les animaux errants ne peuvent être capturés que par les agents de la police. Dans les campagnes, les animaux trouvés sans guide sur les digues des étangs et les berges des canaux et ceux dévastant les plantations faites sur les dépendances du Domaine, sont les seuls qui peuvent être saisis, mais seulement par le régisseur, les pions de police, les totys ou taléarys, les cantonniers, les joncanniers et les gardiens des plantations. Les animaux dévastant les propriétés particulières ne peuvent être arrêtés que par les propriétaires ou sur leur réquisition. Ces dispositions, dit M. le Président, sauvegardent tous les intérêts, car les animaux errants dans la ville, comme ceux trouvés dans les dépendances du Domaine communal ne peuvent être saisis que par les agents du Gouvernement. Un particulier ne pourra arrêter que dans un seul cas, c'est lorsque l'animal dévaste sa propriété. En présence de textes aussi précis et aussi raisonnables, M. le Chef de service ne peut pas ajouter foi à l'assertion du pétitionnaire, qui prétend que des particuliers arrêtent les animaux qu'ils rencontrent errants dans les campagnes et qu'ils font de la capture une profession lucrative. Pour qu'il y ait des abus de ce genre, il faudrait que les dispositions de l'arrêté du 27 décembre 1872 fussent mal exécutées, et M. le Chef de service ne croit pas qu'il en soit ainsi. Quant aux captures faites par ceux à qui ce droit est reconnu par cet arrêté, c'est-à-dire par les pions de police, les cantonniers, etc., etc, M. le chef de service a cru un moment à des abus de leur part et il s'est empressé de faire, à cet effet, des investigations, desquelles il résulte que, pendant le dernier trimestre, le nombre des animaux mis en fourrière a été de 1,743 pour les dix fourrières existantes dans les aldées, ce qui fait moins de deux animaux par jour pour chaque fourrière. Le nombre de têtes de bétail existant dans les aldées est de plus de 30,000. Ainsi, un animal seulement est mis par jour en fourrière sur 15,000. Or, pour qui connaît la négligence de beaucoup de propriétaires, cette proportion est très-modérée. De l'autre part, les jugements rendus par les Béchecars sont tous approuvés par M. le Juge de paix, sans observations. Enfin, il est à remarquer que le pétitionnaire s'en tient à des affirmations en termes généraux, sans citer un seul fait particulier ni un seul capteur ayant commis un abus.

Le Conseil, tout en adoptant les considérations de M. le Chef de service, fait observer cependant que la prime telle qu'elle est accordée aux capteurs est trop élevée ; qu'elle encourage ces derniers à commettre des abus ;

il fait observer également que la pénalité édictée contre les propriétaires des animaux n'est pas en proportion souvent avec les dégâts commis ; il émet, en conséquence, le vœu que cette prime et cette pénalité soient réduites dans une juste mesure.

Sur le 5e point de la pétition :

Le Conseil fait observer que l'empierrement de la route de Nédouncadou commencé cette année continuera les années suivantes. Il est certain que cet empierrement sera fait dans de bonnes conditions de solidité.

Sur le 6e chef de la pétition :

M. De Rozario fait observer que, même en ville, des chiens inoffensifs et connus même de la police sont souvent arrêtés et mis en fourrière. Ces abus sont dûs à la prime relativement énorme que les capteurs obtiennent.

M. le Chef de service répond que l'intention du nouveau règlement n'est nullement de priver les habitants des chiens, qui souvent, peuvent leur être utiles, surtout dans les aldées ; ce qu'on a voulu, c'est la destruction des chiens abandonnés ou négligés par leurs maîtres, errant sur la voie publique ou attaquant les passants, ou, dès que l'obscurité commence, se répandant dans la ville pour y troubler le repos public. La police, prenant l'arrêté trop à la lettre, a mis quelquefois, paraît-il, en fourrière les chiens les plus inoffensifs ou faisait tuer dans les aldées ceux dont les propriétaires étaient parfaitement connus ; mais des ordres ont été déjà donnés, ajoute M. le Chef de service, pour que les divers agents chargés de l'exécution de ce règlement agissent en cette circonstance avec tact et discernement.

Le Conseil, tout en reconnaissant que les ordres donnés à la police par M. le Chef de service répondent suffisamment à la réclamation du pétitionnaire, estime cependant qu'il y a lieu de réduire la prime.

Sur le 7e point de la pétition :

Le Conseil pense qu'il n'y a pas lieu d'y faire droit, Karikal devant contribuer aux frais généraux de la colonie ; quant aux besoins de l'Etablissement, ils ont été déjà assurés par le Conseil, par des prévisions au budget, dans les limites du possible.

Pétition n° 18.

1° Sockinnaïker, 2° Vayaboury, 3° Rengassamy et 4° Nagapin, tous souraires, demandent l'abolition du nouveau mode de perception d'impôt pour la vente du callou.

Le Conseil fait remarquer qu'il y a eu déjà sur le même sujet une pétition présentée par d'autres souraires et que, dans sa séance du 14 du courant, il a exprimé son opinion sur cette question.

Pétition n° 19.

Le Conseil fait observer qu'il lui est difficile de se rendre compte des réclamations des pétitionnaires qui ne s'expliquent pas d'une manière claire et intelligente.

Pétitions n°s 16 et 20.

Les mirasdars des aldées Agatacouroumbagaron, Kijannavassal, Nédouncadou, Melepouttagarom, Covilpattou, se plaignent des barrages qu'établissent les mirasdars anglais sur les rivières qui servent à l'irrigation de ces aldées.

Le Conseil, considérant qu'à la suite d'une pétition semblable présentée par d'autres mirasdars, M. le Chef de service, dans la séance du 12 du courant, a fait connaître que son prédécesseur a déjà saisi de cette affaire l'autorité anglaise, estime qu'il y a lieu d'attendre le résultat de ses démarches.

Pétition n° 21.

Les mirasdars de Cotchéry demandent la modification de l'arrêté sur la mise des animaux en fourrière.

Le Conseil a déjà, dans la séance de ce jour, statué sur cette question soumise à ses délibérations par Divianadapoullé.

Pétition n° 26.

Les commerçants et habitants notables de Karikal disent qu'à raison des pluies de ces derniers jours, plusieurs routes de l'Établissement se trouvent dans un état tel, que la circulation des charrettes se trouve interrompue; ils demandent l'établissement du péage pour arriver à l'amélioration de ces routes.

Le Conseil qui, déjà, a émis le même vœu dans ses séances des 13 et 14 du courant, est heureux de constater que la population de Karikal partage son avis.

Pétition n° 22.

Quelques habitants de Karikal demande qu'on ouvre un concours dans cet Etablissement toutes les fois qu'une place d'interprète devient vacante dans cette localité.

M. le Chef de service rappelle au Conseil l'arrêté du 14 mars 1853 qui ne dispose pas qu'en cas de vacance dans le corps des interprètes le concours ne doit être ouvert qu'à Pondichéry. Il rappelle également l'arrêté du 16 décembre 1867 qui a ouvert un concours à Karikal pour pourvoir aux vacances qui existaient alors dans le personnel des interprètes de cet Etablissement.

Le Conseil se rallie à l'opinion de son Président.

Pétition n° 24.

Elle tend à faire augmenter le nombre des huissiers de cet Etablissement et à faire réprimer des abus que commettraient les huissiers dans la perception de leurs droits.

Le Conseil ne voit pas, quant à présent, la nécessité d'augmenter le personnel des huissiers; quant au second point de cette pétition, le Conseil estime qu'il échappe à sa compétence.

La séance est renvoyée au surlendemain, lundi à 8 heures et demie du matin.

Signé : H. LIAUTAUD, GAUDART, ED THÉTARD, ROZARIO, GNANAPRÉGASSAPOULLÉ, V. DOURESSAMY, R. VASSOUDÉVANE et S. APPACOUTTY.

Pour copie conforme :
Le Secrétaire,
GAUDART.

Vu : *Le Président,*
H. LIAUTAUD.

Séance du 17 novembre 1873.

Cejourd'hui, dix-sept novembre mil huit cent soixante-treize, à huit heures et demie du matin, le Conseil s'est réuni à l'hôtel du Chef de service.

Etaient présents :

MM. Liautaud, Chef de service, président; Gaudart, secrétaire; De Rozario, conseiller; Gnanapregassapoullé, id.; Douressamiodéar, id.; Vassoudévamodéliar, id.; Appacouttimodéliar, id.

MM. Laforgue et Thétard se sont excusés pour cause d'empêchement.

A l'ouverture de la séance le secrétaire donne lecture du procès-verbal de la séance précédente. Ce procès-verbal est adopté à l'unanimité.

M. le Président dépose sur le bureau une pétition des marchands de Karikal tendant à obtenir : 1º que les grains importés par mer le soient francs de tout droit à leur sortie du port anglais; 2º que, dans l'intérêt du commerce, M. le lieutenant du port tienne son bureau à proximité de la rade.

Le Conseil procède à l'examen des pétitions.

Pétition nº 25.

Mougammadousultanemarécar, propriétaire d'une certaine quantité de terres à nelly sises à Karikal Mélévely, à l'ouest de la route de Tirnallar, sollicite le redressement de la rivière Vanjiar.

Le Conseil se demande si ce redressement ne pourra pas créer des inconvénients aux autres propriétés avoisinant cette rivière; il estime par suite qu'il y a lieu de mettre cette question à l'étude

Pétition nº 27.

Les marchands de Karikal demandent en premier lieu que les grains importés par mer à Karikal, le soient francs de tout droit à leur sortie du port anglais, comme ils le sont lorsqu'ils sont importés par terre; ils demandent en second lieu que, dans l'intérêt du commerce, M. le lieutenant de port tienne son bureau à proximité de la rade et non chez lui en ville.

Sur le premier point :

Le Conseil, sur l'invitation d'un de ses membres, a déjà émis ce vœu dans sa séance du 7 du courant; il appelle, de nouveau, sur cette question, l'attention de M. le Gouverneur, pour qu'il en fasse l'objet de négociations auprès du Gouvernement de Madras.

Sur le second point:

M. le Chef de service reconnaît que l'observation des marchands est juste en principe ; mais il pense qu'à raison du défaut d'un local sur le bord de la rivière, M. le lieutenant de port est obligé de tenir son bureau en ville. Ces inconvénients disparaîtront bientôt si, comme il l'espère, le Conseil colonial approuve le vœu du Conseil local, qui a demandé la construction d'un bureau du port là où se trouve actuellement le bureau de batelage.

Avant de clore la session, M. le Chef de service consulte le Conseil sur le chiffre de la gratification qu'il conviendrait d'accorder aux employés du secrétariat, Ajaguianaden et Naden, pour la mise au net des procès-verbaux de séances et pour la tenue du registre d'enregistrement des pétitions.

A l'unanimité, le Conseil considérant que cette année le travail d'écritures a été beaucoup plus considérable que l'année dernière, à raison tant des nombreuses questions dont le Conseil avait à s'occuper que du classement et enregistrement des pétitions sur un registre tenu cette année au secrétariat du Conseil, émet le vœu qu'une somme de deux cents francs soit accordée à ces employés, à titre de rémunération de leurs peines et soins.

Rien ne restant à l'ordre du jour, M. le Chef de service lève la séance à dix heures et déclare close la session ordinaire du Conseil local de Karikal pour 1873.

De tout quoi il a été fait et dressé procès-verbal, lequel a été signé par le Conseil, après lecture.

Signé H. LIAUTAUD, M. LAFORGUE, ED. THÉTARD, GAUDART, DE ROZARIO, GNANAPREGASSEN, V. DOURESSAMY et R. VASSOUDÉVANE.

Pour copie conforme :
Le Secrétaire,
GAUDART.

Vu : Le Président,
H. LIAUTAUD.

CONSEIL LOCAL DE MAHÉ

SESSION ORDINAIRE.

Procès-verbal de la séance du 3 novembre 1873.

Aujourd'hui, trois novembre mil huit cent soixante-treize, le Conseil local de Mahé, convoqué conformément aux ordres de M. le Gouverneur, s'est réuni à l'hôtel du Chef de service, à huit heures du matin, en session ordinaire, afin de se livrer à l'examen des budgets du service local et du fonds commun de l'Etablissement secondaire de Mahé, pour l'exercice 1874.

Se trouvaient présents à cette réunion MM. de Galéan, Chef de service. *p. i.*, président; Bruno De Rozario, membre; Fonseca, membre.

Aux termes de l'article 18 du décret du 13 juin 1872, portant modification à la Constitution des Etablissements français de l'Inde, les délibérations des Conseils locaux ne sont valables qu'autant que la moitié plus un des membres ont pris part au vote. Ces conditions ne pouvant être réalisées par le Conseil, à cause de l'absence de MM. Baudry et Got, membres dudit Conseil, le Président en a ajourné la réunion jusqu'à l'arrivée de M. Got, attendu sous peu de jours à Mahé.

Fait et clos à Mahé les jour, mois et an que dessus.

Signé : DE GALÉAN, président; FONSECA et BRUNO DE ROZARIO, membres.

Procès-verbal de la séance du 10 novembre 1873.

La séance est ouverte à huit heures.
Sont présents :
MM. de Galéan, Chef de service, président; Got (Oscar), membre ; de Rozario (Bruno), id ; Fonseca (Philippe), id.

M. de Rozario, le plus âgé des membres présents, remplit les fonctions de vice-président et M. Fonseca, le plus jeune, celle de secrétaire.

Au début de la séance, le Président donne lecture de l'arrêté de M. le Gouverneur des Etablissements français dans l'Inde, en date du 25 octobre dernier, qui convoque les Conseils locaux des cinq Etablissements en session ordinaire pour le 3 novembre à huit heures du matin, à l'effet de procéder à l'examen des budgets du service local et du fonds commun de l'Etablissement secondaire de Mahé

Le Conseil local, convoqué pour le 3 novembre par l'arrêté précité, n'a pu se livrer à ses délibérations par suite de l'absence de deux de ses membres. Un procès-verbal a été dressé à cet effet. L'arrivée de M. Got a permis au Conseil de se réunir de nouveau.

Le Conseil procède d'abord à la vérification et à la validation de l'élection de l'un de ses membres.

Aux termes de l'article 2, titre II, du décret constitutif du 13 juin dernier, portant modification à la Constitution des Etablissements français dans l'Inde, la dépendance de Mahé avait un membre à élire par la liste des Européens et mixtes.

Le nombre des électeurs inscrits était de 44.

D'après l'article 7 du même décret nul ne pouvait être élu au premier tour de scrutin s'il ne réunissait, avec la majorité absolue des suffrages exprimés, un nombre de voix égal au quart des électeurs inscrits, conformément aux prescriptions de l'article 41 de l'arrêté de M. le Gouverneur du 24 août précité et de sa décision du 14 septembre. Le procès-verbal d'élection, avec toutes les pièces qui s'y trouvaient rattachées, est présenté au Conseil dans un pli cacheté et signé par tous les membres du bureau. Il est reconnu parfaitement clos et le Conseil en ordonne l'ouverture.

Il résulte des pièces qui y sont contenues que les deux candidats qui ont obtenu le plus de suffrages sont :

MM. Bru.............................. 11 voix.
Fonseca.............................. 33 voix.

M. Fonseca (Philippe) ayant obtenu seul la majorité absolue des suffrages exprimés et un nombre de voix égal au quart des électeurs inscrits, a été nommé au premier tour de scrutin.

Les opérations ayant été régulières, aucune protestation n'ayant été produite et l'élu remplissant toutes les conditions légales, le Conseil a validé, à l'unanimité, l'élection dont il s'agit.

Le Conseil a continué ses opérations en procédant à la nomination de son vice-président et de son secrétaire.

Le scrutin a donné les résultats suivants :

Pour le vice-président :

MM. Got.................................... 3 voix.
Fonseca................................. 1 —

Pour la nomination du secrétaire :

MM. Fonseca............................... 3 voix.
Bruno De Rozario....................... 1 —

MM. Got et Fonseca ayant obtenu chacun la majorité absolue des suffrages, ont été reconnus, le premier, comme vice-président, et le second, comme secrétaire.

Le Conseil local de Mahé se trouve par ce fait composé ainsi qu'il suit :

MM. de Galéan, Chef de service, président ;
Got, vice-président ;
Bruno De Rozario, conseiller ;
Fonseca, secrétaire.

Le projet du budget local, établi dans la forme réglementaire, est ensuite soumis au Conseil par le Chef de service.

Le Président présente d'abord le budget des recettes.

Il fait connaître dans son Exposé des motifs ainsi conçu, la législation autorisant la perception des divers impôts perçus dans l'Etablissement :

« Conformément à l'article 20 du décret du 13 juin 1872 portant modification à la Constitution des Etablissements français de l'Inde, j'ai l'honneur de présenter à l'examen du Conseil local de Mahé le projet de budget des recettes et des dépenses du service local de cet Etablissement pendant l'exercice 1874.

« Les recettes s'élèvent à la somme de. 41,211 00°
« En comparant ce chiffre à celui reconnu pour l'exercice 1873, soit....... 43,104 00

« On trouve une différence en moins de   1,893 00
qui s'explique de la manière suivante :

« Réduction du droit de passage sur le pont de Mahé par suite de la réadjudication annuelle de la ferme............   920 00

« Les certificats d'origine qui se délivraient aux propriétaires des poivres ayant été détruits par suite de la loi du 8 juillet 1871, les recettes que le Trésor en retirait disparaissent en 1874...............   150 00

« Diminution dans les recettes des patentes de souraires.................   40 00

« Idem dans celle des lods et ventes...   50 00

« Idem dans celle de la ferme des arbres fruitiers......................   11 00

« Idem dans celle de la vente du sel...   1,000 00

                                       2,171 00

« De ce chiffre il faut déduire les augmentations ci-après qui, comme les quatre dernières diminutions citées plus haut, proviennent de la comparaison faite de la moyenne des quatre dernières années des recettes réalisées avec le budget de 1873.

« Augmentations des recettes sur les patentes des boutiques de gros et de détail.....................   18.f 00ᶜ

« Augmentation des droits de tonnage et de manifeste...   50 00

« Remboursement des frais de poursuites............   10 00

« Remboursement du prix des médicaments...........   50 00

« Recettes sur exercices clos.   150 00

                                       278 00

                     Reste......   1,893 00

« Chiffre représentant la différence en moins signalée plus haut.

« Les dépenses s'élèvent à la somme de. 40,792 70.
« En les comparant à celles du budget
de 1873.............................. 36,143 91

« Il résulte une augmentation de..... 4,648 88
« Cet excédant de dépenses s'explique
ainsi qu'il suit :

Matériel.

« Réparations urgentes à faire à la charpente de la galerie conduisant à la cuisine de l'hôtel du Chef de service, travaux demandés l'année dernière et ajournés à cette année par le Conseil colonial...................... 378f82c

DÉPENSES FACULTATIVES.

Personnel.

« Prévision de la solde d'un
allumeur...................... 170 00
« Augmentation du traitement de l'écrivain du port... 100 00
« Prévision au plan de campagne d'une somme de 4,000 fr. pour achat de matériaux nécessaires à des travaux à entreprendre en 1875........ 4,000 00
« Augmentation des secours annuels et temporaires...... 74 00
« Augmentation de la dotation faite au Comité de bienfaisance.................... 100 00
                                    4,822 82
D'où il faut déduire sur l'ensemble des travaux......... 173 94

Différence égale................. 4,648 88

« Une augmentation de 100 fr. est demandée comme amélioration de la solde de M. De Rozario, écrivain auxiliaire faisant fonctions de maître de port. Cette demande a été repoussée par le Conseil colonial en 1872, mais je me fais un devoir de la renouveler en faveur d'un employé comptant 24 années de bons et loyaux services.

« Le plan de campagne des travaux à exécuter sur l'Etablissement de Mahé se totalise à la somme de 8,197 fr. 03. Une partie de cette somme soit 400 fr. sera employée en 1874 à l'achat des matériaux nécessaires aux grosses réparations à exécuter à la prison, à l'église paroissiale, au bâtiment affecté à l'école et au dépôt de sel. Il résulte du rapport de M. Carriol, chef du service des ponts et chaussées, lors de sa tournée à Mahé, que les couvertures de ces bâtiments dont le renouvellement a lieu chaque année, doivent être converties en une toiture en tuile dont la durée serait assurée pour de nombreuses années. J'ai visité moi-même tous ces bâtiments et je ne puis qu'appuyer la proposition faite d'une prévision budgétaire pour leurs réparations.

« Les 4,197 fr. 03 c. portés au plan de campagne seront affectés aux travaux d'entretien courant des édifices de Mahé et à l'achèvement de l'empierrement de la route de Calicut qui doit être terminé en 1874.

« Tels sont les points sur lesquels j'ai dû appeler l'attention du Conseil et lui demander son avis.

« Il me reste à présenter au Conseil le projet de budget du fonds commun de la ville et des aldées de l'Etablissement de Mahé pour l'exercice 1874. Un arrêté du Gouverneur, en date du 28 septembre 1873, a autorisé la fusion en un seul budget des fonds qui, auparavant, se partageaient entre la ville et les villages de Mahé. C'est là une satisfaction donnée au Conseil local qui avait demandé cette fusion dans la séance du 23 novembre 1873.

« Le budget établi conformément aux prescriptions de l'arrêté précité se totalise pour les recettes à la somme de .... 5,511 00 c.

« En comparant ce chiffre à celui du budget de 1873..................... 5,684 00

« On trouve une différence en moins de. 173 00
qui provient des causes ci-après :

« Calcul du produit de la vente du sel

sur les quatre dernières années inférieur de 115 fr. au chiffre inscrit au budget de 1873.................. 115'00°

« Différence dans l'encaisse présumée au 1ᵉʳ janvier 1874.   49 00

« Diminution dans le revenu provenant de la délivrance des pièces par le service des contributions..........   9 00

Somme égale...............   173 00

« Les dépenses s'élèvent à..........   1,589 00
« Celles prévues en 1873, à........   1,957 00

« D'où une différence en moins de...   368 00

qui s'explique de la manière suivante :

« Suppression des frais de bureau par analogie avec ce qui se pratique dans les autres Etablissements, soit............   15 00

Diminution dans la prévision faite pour l'abatage des chiens. Les dépenses de cette nature sont restées bien inférieures au chiffre inscrit au budget de 1873....   15 00

« Les travaux à exécuter dans les établissements publics, tant à Mahé que dans les aldées, sont très-peu importants et la somme qui y est affectée offre une différence de 512 fr. avec celle prévue en 1873.   512 00

« Enfin une diminution de 1 fr. dans la prévision des remises attribuées au trésorier payeur et au receveur..........   1 00

Total...   543 00

« Afin d'arriver au chiffre de 368 représentant la différence signalée plus haut, il faut tenir compte des augmentations portées au projet de budget.

A REPORTER...   543 00

	Report....	543 00
« Achat de huit reverbères très-nécessaires à Mahé, ci...............	100f 00c	
« Augmentation du salaire des allumeurs......	25 00	
« Prévision d'une somme de 50 fr. à titre de dépenses diverses..................	50 00	
		175 00
		368 00

« Chiffre égal à la différence entre les prévisions du budget de 1874 et celles de l'exercice courant.

« *Le Chef de service*, p. i.

« Signé : O. DE GALÉAN. »

Après avoir successivement soumis tous les éléments de ce budget, il est passé à l'examen des chapitres ainsi qu'il suit :

Chapitre 1er	Contributions directes..	12,904 00
— 2.	Contributions indirectes.	24,519 00
— 3.	Divers produits du budget................	3,788 00
	Total....	41,211 00

Le Conseil est d'avis, à l'unanimité, qu'il n'y a rien à changer aux chiffres présentés pour les recettes.

Les dépenses, qui s'élèvent à la somme de 40,792 fr. sont ensuite examinées par le Conseil. Cet examen ne donnant lieu à aucune observation, le Conseil en adopte, à l'unanimité, les chiffres. En conséquence, le budget des dépenses du service local pour l'exercice 1874, se décompose comme suit :

DÉPENSES OBLIGATOIRES.

Chapitre 1er	Personnel..............	1,525 00
— 2.	Matériel..............	2,677 20
	Total....	4,202 20

Report...	4,202 20

DÉPENSES FACULTATIVES.

Chapitre 1er	Personnel..	19,812 00
—	2. Matériel...	16,778 59
		36,590 59
	Ensemble....	40,792 79

Le Conseil, continuant ses opérations, se livre à l'examen du budget du fonds commun de la ville et des villages de Mahé. Ce document, établi conformément aux prescriptions de l'arrêté du Gouverneur en date du 28 septembre, s'élève en recettes à la somme de 5,511 fr. 00 qui, ne soulevant aucune observation de la part du Conseil, est adoptée à l'unanimité.

Parmi les prévisions des dépenses figure une augmentation de 200 fr. pour l'achat de huit reverbères. Le Conseil, consulté sur cette prévision, pense que la quantité de reverbères demandée en augmentation n'est pas en rapport avec les besoins de la localité et il conclut donc à ce qu'une somme de 150 fr. soit inscrite au budget pour l'achat de six reverbères et leur pose. Par suite, les dépenses du budget du fonds commun, qui s'élevaient à 1,589 fr. se trouvent portées à celle de 1,739 fr.

Aux termes de l'article 40 du décret du 13 juin 1872, les Conseils locaux doivent être consultés sur les différents impôts qui constituent les recettes du budget local. Ce travail a été présenté au Conseil pour les taxes propres à l'Établissement de Mahé et n'a été l'objet d'aucune modification de sa part.

Personne n'ayant demandé la parole et le Président n'ayant plus rien à communiquer au Conseil, lève la séance à dix heures du matin, après avoir fixé pour le 12 du courant, à huit heures du matin, la réunion du Conseil pour la lecture du présent procès-verbal.

La séance est levée à dix heures.

Fait à Mahé, les jour, mois et an que dessus.

Signé: O. DE GALÉAN, O. GOT, BRUNO DE ROZARIO et FONSECA.

Procès-verbal de la séance du 12 novembre 1873.

La séance est ouverte à huit heures.
Sont présents :
MM. de Galéan, Chef de service, président ; Got, négociant, vice-président ; De Rozario (Bruno), conseiller et Fonseca, secrétaire du Conseil.

Le secrétaire lit le procès-verbal de la séance du 10 du courant, qui est adopté à l'unanimité.

Personne n'ayant demandé la parole et le Président n'ayant plus rien à soumettre au vote du Conseil, lève la séance à neuf heures.

Fait et clos à Mahé, les jour, mois et an que dessus.

Signé : O. DE GALÉAN, O. GOT, BRUNO DE ROZARIO et FONSECA.

CONSEIL LOCAL DE YANAON

SESSION ORDINAIRE.

Séance du 3 novembre 1873.

Aujourd'hui, trois novembre mil huit cent soixante-treize, le Conseil local convoqué en session ordinaire, par arrêté de M. le Gouverneur, en date du 25 octobre dernier, s'est réuni à l'hôtel du Chef de service.

Étaient présents :
MM. Ferrier, Chef de service, Président ;
Covaly Vincatachelapaty, conseiller local ;
Georges Dacosta,   do.
Kantéty Satiaprassanom, do.
Paindicondala Kristaya, do.

M. le Chef de service ouvre la séance. Il rappelle au Conseil qu'il se réunit pour la première fois afin de participer à l'examen du budget local. Il exhorte ses membres à exprimer librement et sincèrement leur opinion sur les matières qui vont leur être soumises. Arrivé depuis quelques jours seulement dans l'Etablissement, il n'a pas encore pu étudier lui-même la généralité de ses besoins ; mais ce qu'il a eu le temps d'en apprendre le porte à penser que son prédécesseur a tenu un compte légitime de ceux de ces besoins, auxquels les ressources de l'Etablissement permettent de donner satisfaction. Le Chef de service ajoute qu'il s'estime heureux d'être associé à des hommes que leurs concitoyens ont jugés capables et dignes de les représenter, et il compte sur leurs lumières pour coopérer à la discussion qui va s'ouvrir et dans laquelle chaque membre apportera certainement un parfait dévouement aux intérêts bien entendus du pays.

Nomination d'un Vice-Président et d'un Secrétaire.

Le Chef de service fait ensuite connaître au Conseil qu'aux termes de l'article 14 du décret du 13 juin 1872, et le 2° § de l'article 3 de l'arrêté du 24 août 1872, il y a lieu d'élire un vice-président et un secrétaire en se renfermant dans les termes de la dépêche ministérielle du 8 novembre de la même année.

Les votes ainsi émis, le dépouillement donne les résultats suivants :

Covalv Vincatachelapaty, vice-président par cinq voix;
Paindicondala Kristaya, secrétaire par cinq voix.

Ce vote unanime investit les membres nommés des fonctions qui leur sont individuellement attribuées, et Paindicondala Kristaya entre immédiatement en fonctions comme secrétaire.

Mode de discussion du budget.

Le Conseil décide ensuite que le budget sera discuté dans l'ordre suivant, en examinant successivement tous les articles qu'il renferme :

1° Le budget des recettes;
2° Le plan de campagne;
3° Le budget des dépenses;
4° Le budget du fonds commun;
5° Le tarif des taxes;
6° L'examen des vœux et pétitions conformément aux termes des articles 21, 22 et 23 du décret du 13 juin 1872.

Budget des recettes du service local.

CHAPITRE 1er.

		fr.	c.
Article 1er.	Droit sur les maisons......	"	
— 2.	Rente foncière..........	17,599	64

Adoptés sans observations.

CHAPITRE II.

		fr.	c.
Article 1er.	Patentes sur les boutiques.	500	40
	Droit d'enregistrement....	10	00
	Droit de lods et ventes....	300	00
	Prélèvement de 10 p. 0/0.	10	00
— 3.	Ferme de la vente de l'arrack	4,800	00
	Monopole de la vente du callou...............	36	00

	Rente payée par le Gouvernement anglais pour la loge de Mazulipatam..	8,520 00
— 4.	Produit de la vente du sel..	3,000 00
	Ferme de la vente d'opium.	256 00
— 5.	Taxe des lettres.........	100 00
— 6.	Droit de mesurage.........	250 00

Adoptés sans observations.

CHAPITRE II.

fr.   c.

Article 1er.	Ferme des cocotiers.....	127 00
—	Fermes des palmiers de la loge de Mazulipatam....	52 80
—	Ferme des terres en friche de la loge de Mazulipatam	446 40
Article 3.	Produit de la vente des terres	30,217 12
— 5.	Amendes................	100 00
— 7.	Remboursement du prix des médicaments..........	350 00

Adoptés sans observations.

Examen du plan de campagne.

SECTION 1re. — DÉPENSES OBLIGATOIRES.

CHAPITRE 1er.

Grosses réparations et entretiens courants   250 00

CHAPITRE II.

Edifices publics, travaux neufs..........   //

Adoptés sans observations.

SECTION 2. — DÉPENSES FACULTATIVES.

CHAPITRE 1er.

Article 1er.	Edifices publics...........	//
— 2.	Travaux d'art, route, ponts et ponceaux............	1,738 00

CHAPITRE II.

Article 1er.	Edifices publics..........	//
— 2.	Routes, rues, ponceaux aqueducs, étangs, canaux, etc.	72 00

CHAPITRE III.

Subvention pour travaux en faveur de l'agriculture 3,640 00

CHAPITRE IV.

Service général. Frais généraux pour ouvrages divers......................... //

Adoptés sans observations.

Examen du budget des dépenses.

SECTION 1re. — DÉPENSES OBLIGATOIRES.

CHAPITRE 1er.

Art. 1er. Subd. 1re. Gouvernement colonial........	830 00
— — 2. Justice..........	1,520 00
— 2. Frais de conduite, vacation, etc.	100 00

CHAPITRE II.

Art. 2. Travaux et approvisionnements	//
— 3. Loyers d'établissements.....	2,136 00
— 4. Entretien des mobiliers, matériel des bureaux	690 00
— 5. Frais de justice et de procédure	100 00
— 6. Achat de livres pour les tribunaux	//
— 7. Dépenses pour les élections...	105 00

Adoptés sans observations.

2e Section. — Dépenses facultatives.

CHAPITRE 1er.

Art. 1er. Subd. 1re. Gouvernement colonial.........	832 00
— — 2. Commissariat de la marine........	220 00

Adoptés sans observations.

Art. 1er. Subd. 2. Service de santé. 1,145 00

Cette subdivision, qui porte une augmentation de 5o fr., a été adoptée sans observations.

Art. 1er. Subd. 2. Administration financière contribution et domaine........ 6,145 00

Cette subdivision, qui porte une augmentation de 50 fr., a été adoptée sans observations.

Art. 1er. Subd. 4. Police civile....... 3,790 00

Cette subdivision, qui contient une augmentation de 170 fr., a été adoptée sans observations.

Art. 1er. Subd. 7. Service de la prison 250 00

Cette subdivision, qui porte une augmentation de 30 fr., a été adoptée sans observations.

Art. 1er. Subd. 7. Etat-civil....... 380 00

Cette subdivision, qui porte une augmentation de 100 fr., a été adoptée sans observations.

Art. 2. Frais de conduite, vacations, etc 250 00

Adopté sans observation.

CHAPITRE II.

Art. 1er. Subd. 1re.	Travaux des ponts et chaussées...	5,700 00
— 2. — 2	Services administratifs........	205 00
— — 3.	Frais de matériel de divers services..........	150 00

Adoptés sans observations.

Art. 3. Subd. 2. Services administratifs....... 445 00

Cette subdivision, qui contient une augmentation de 51 fr., a été adoptée sans observations.

Art. 4. Subd. 2.	Frais de transport	100 00
— 5. — 2.	Dépenses générales..........	300 00
— 7. — 1re.	Pensions et secours	962 00
— 7. — 2.	Subventions et dotations....	2,200 00
— 7. — 4.	Dépenses diverses	1,460 00
— 8. — 4.	Dépenses éventuelles...	700 00

Adoptés sans observations.

La séance est levée à onze heures et demie et renvoyée au lendemain 4 novembre à 8 heures du matin.
Yanaon, le 3 novembre 1873.

Le Président,
FERRIER.

Le Secrétaire,
P. KRISTAYA.

CONSEIL LOCAL DE YANAON.

Séance du 4 novembre 1873.

Aujourd'hui, quatre novembre mil huit cent soixante-treize, le Conseil local s'est réuni, de nouveau, à 8 heures du matin, au lieu ordinaire de ses délibérations.

Etaient présents :

MM. Ferrier, Chef de service, président ; Covaly Vincatachelapaty, vice-président; Georges Dacosta, conseiller; Kantéty Satiaprassanom, conseiller; Paindicondala Kristaya, secrétaire.

A l'ouverture de la séance et sur l'invitation du Chef de service, le secrétaire donne lecture du procès-verbal de la réunion précédente ; ce document est approuvé à l'unanimité et sans observations.

Le président dépose sur le bureau, et le Conseil donne acte de deux pétitions remises, la veille au soir, par M. E. Le Faucheur, fondé de pouvoirs de M. Jablin.

La première de ces requêtes saisit le Conseil d'un désaccord survenu entre ce propriétaire et l'Administration concernant le paiement du prix d'achat des terres de France-Tippah et d'Adivipolam, et la seconde aux fins d'obtenir l'endiguement et des travaux d'irrigation pour protéger et fertiliser lesdites terres récemment acquises par ledit sieur Jablin.

Examen du budget des recettes et des dépenses du fonds commun de la ville et des aldées.

Le Chef de service donne ensuite lecture, article par

article, du budget des recettes et des dépenses du fonds commun de la villle et des aldées.

RECETTES.	FONDS commun.	FONDS municipal
	fr. c.	fr. c.
Excédant présumé des recettes sur les dépenses au 31 décembre 1873......	710 92	221 55
Produit de la retenue du 9ᵉ de la vente du sel affecté aux dépenses du fonds commun (moyenne des recettes pendant les 4 dernières années).............	180 08	90 45
Frais des pièces délivrées par le service des contributions.................	82 00	//
Produit des amendes des chiens (pour mémoire)............................	//	//
	973 00	312 00
	1,285 00	

DÉPENSES.	FONDS commun.
	fr. c.
Remises allouées au préposé Receveur, à 0 fr. 75 c. p. 0/0..................	2 03
Arrosage des cocotiers................	44 00
Entretien des canaux et écluses.........	80 00
Curage et entretien des étangs et puits.....	80 00
Enlèvement d'animaux morts............	5 00
Arrosage et balayage des rues...........	20 00
Abatage des chiens	90 00
Nourriture des chiens.................	40 00
Solde du gardien de la fourrière.........	100 00
Etablissement d'une fourrière pour les chiens.	100 00
	561 03

Les prévisions dudit budget ne donnant lieu à aucune observation, le Conseil, à l'unanimité, en adopte les chiffres.

Adoption des taxes locales.

Conformément aux instructions données par M. le Gouverneur, dans la lettre du 7 octobre 1873, n° 98, le tarif des taxes locales, en ce qui concerne la dépendance, est soumis au Conseil et ne provoque de sa part aucune observation ; il est adopté à l'unanimité.

Examen des vœux émis par le Conseil local.

Pétition concernant un différend entre l'Administration et M. Jablin.

Après avoir examiné la pétition numérotée 1, par laquelle M. Jablin demande que le Conseil intervienne dans le différend qui s'est élevé entre lui et l'Administration, M. le Chef de service fait connaître que la question a été portée au Chef-lieu, où elle a été résolue conformément à la législation qui régit la matière, et qu'il pense qu'aucune intervention du Conseil local ne doit se produire à cet égard. Le Conseil est d'avis que puisque M. le Gouverneur a déjà statué et que des mesures conservatoires ont été prises pour sauvegarder les intérêts du Trésor, conformément aux prescriptions du cahier des charges (art. 20), il n'a pas à s'occuper de cette discussion, mais seulement à transmettre la requête de M. Jablin à M. le Gouverneur.

Endiguement des terres de M. Jablin.

En ce qui concerne la pétition numérotée 2, le Conseil reconnaît que les travaux d'endiguement et d'irrigation demandés donneraient un plus grand rapport aux terres de France-Tippah et d'Adivipolam appartenant à M. Jablin. M. le Chef de service Renou, saisi de cette affaire, s'en était occupé, il y a près d'un an ; mais il est mort avant de pouvoir amener la solution et, depuis lors, les renseignements demandés par M. le Gouverneur n'ont pas été fournis. M. Renou estimait la dépense à 12,000 roupies, somme considérable qui absorberait la moitié des recettes de l'Etablissement. M. le Président avait d'abord pensé que le travail pourrait être réparti en plusieurs annuités; mais le Conseil déclare cette manière de procéder impossible. La construction de la digue de France-Tippah doit être faite dans une seule année et non par tronçons que détruiraient les débordements annuels du Godavéry. Du reste, une étude préalable est nécessaire pour apprécier si le supplément d'impôt que procurerait l'exécution des travaux demandés, compenserait, en tout ou en partie, la dépense à faire pour ces travaux exceptionnels. Il conviendrait donc de mettre cette question à l'étude et le Conseil pourrait donner son avis avec plus de fruit en 1874.

Demande de Vélagalapoudy-Lingaya, comme médecin rétribué par l'État.

La pétition numérotée 3, par laquelle 104 habitants de Yanaon demandent que Velagalapoudy-Lingaya soit nommé officier de santé et chargé du service médical à Yanaon, est chaudement appuyée par M. le conseiller local Kantéty Satiaprassanom. Selon lui, le sujet recommandé possède une capacité hors ligne pour traiter les habitants natifs d'après le système indou; il insiste fortement pour que la requête des 104 signataires soit envoyée à M. le Gouverneur. Velagalapoudy-Lingaya recevrait une solde du Gouvernement et serait obligé de traiter gratis les habitants de Yanaon; il ne pourrait leur faire payer que les médicaments qu'il leur fournirait lui-même. Cette mesure est nécessaire parce qu'il y avait autrefois, à Yanaon, un médecin européen et un médecin natif; le premier a été supprimé et la population est en souffrance.

Le Chef de service verrait un inconvénient réel à appuyer une semblable demande; elle porte atteinte au droit qu'a le Gouvernement de désigner les fonctionnaires et les employés qui lui conviennent pour remplir les emplois publics. Si la pétition se contentait de demander le retour, à Yanaon, d'un médecin européen, il n'y verrait aucun inconvénient et serait même très disposé à l'appuyer; mais, selon lui, le Conseil excéderait ses pouvoirs en l'appuyant telle qu'elle est formulée. Le Chef de service n'a nullement l'intention de déprécier les mérites du mestry recommandé, mais il croit pourtant utile de faire observer qu'il n'est jamais sorti de Yanaon, qu'il n'a fait aucune étude médicale sérieuse sous la direction d'hommes éclairés. Il peut parfaitement entendre la médication indienne ; mais les Européens et les personnes de la classe mixte, assez nombreux à Yanaon et dans les environs, ne voudraient certainement pas en faire l'expérience. Ces raisons le portent à repousser la demande.

Le Chef de service étant seul de son avis, le vœu est pris en considération par quatre voix contre une.

Mesurage des grains.

M. le conseiller Kantéty Satiaprassanom demande la mise en ferme du mesurage des grains. La population serait obligée de payer au fermier les mêmes droits qu'elle paye aujourd'hui à l'Administration. De cette façon, le budget profiterait du surplus que donneraient les enchères pour l'investiture de la ferme, et ferait l'économie des employés payés par l'Administration.

Le Chef de service fait observer que l'expérience du passé démontre le danger de revenir à un système déjà condamné et qui ouvrait la porte à toute espèce d'exactions. Dans l'état de choses actuel, une surveillance active, de la part des agents du service des contributions, peut prévenir les intentions coupables que pourraient avoir les mesureurs, et il ne manquera pas de donner des ordres afin qu'ils redoublent de vigilance.

M. le Chef de service, MM. les conseillers G. Dacosta et C. Vincatachelapaty, repoussent le vœu émis.

MM. les conseillers Kantéty Satiaprassanom et Paindicondala Kristaya, sont d'avis de l'admettre.

En conséquence, le vœu émis de mettre en ferme le mesurage est repoussé par trois voix contre deux.

Puis n'ayant plus rien à mettre en délibération, le Président lève la séance, les jour, mois et an que dessus.

Le Secrétaire,
Signé P. KRISTAYA.

Le Président,
Signé FERRIER.